SUICÍDIO
a falência da razão

EDITORA EME

Solicite nosso catálogo completo, com mais de 350 títulos, onde você encontra as melhores opções do bom livro espírita: literatura infantojuvenil, contos, obras biográficas e de autoajuda, mensagens espirituais, romances palpitantes, estudos doutrinários, obras básicas de Allan Kardec, e mais os esclarecedores cursos e estudos para aplicação no centro espírita - iniciação, mediunidade, reuniões mediúnicas, oratória, desobsessão, fluidos e passes.

E caso não encontre os nossos livros na livraria de sua preferência, solicite o endereço de nosso distribuidor mais próximo de você.

Edição e distribuição

EDITORA EME
Caixa Postal 1820 - CEP 13360-000 - Capivari - SP
Telefones: (19) 3491-7000 | 3491-5449
Vivo (19) 99983-2575 | Claro (19) 99317-2800
vendas@editoraeme.com.br - www.editoraeme.com.br

LUIZ GONZAGA PINHEIRO

SUICÍDIO

a falência da razão

Capivari-SP
- 2018 -

A Editora EME mantém o Centro Espírita Mensagem de Esperança e patrocina, com outras empresas, instituições de atendimento social de Capivari-SP.

2ª reimpressão - dezembro/2018 - de 6.001 a 8.000 exemplares

CAPA | André Stenico
PROJETO GRÁFICO E DIAGRAMAÇÃO | Marco Melo
REVISÃO | Editora EME

Ficha catalográfica

Pinheiro, Luiz Gonzaga
Suicídio: a falência da razão / Luiz Gonzaga Pinheiro - 2ª reimp. dez. 2018 - Capivari, SP: Editora EME.
216 p.

1ª edição - fevereiro/2018
ISBN 978-85-9544-046-3

1. Espiritismo. 2. Valorização da vida. Legião Servos de Maria.
3. Suicídio. Vale dos Suicidas. 4. Memórias de um suicida.
I. TÍTULO.

CDD 133.9

Este livro é dedicado a este grande, forte, belo e luminoso espírito, Maria de Nazaré, a zelosa mãe dos suicidas.

MARIA DE NAZARÉ – MÃE DE JESUS CRISTO

O espírito Emmanuel ditou a Chico Xavier um retrato falado de Maria de Nazaré ao fotógrafo Vicente Avela, de São Paulo. Chico frisou que a fisionomia de Maria, assim retratada, revela tal qual ela é conhecida quando de suas visitas às esferas espirituais mais próximas e perturbadas da crosta terrestre; como, por exemplo, disse-nos ele, na Legião dos Servos de Maria, grande instituição de amparo aos suicidas descrita detalhadamente no livro *Memórias de um suicida*, recebido mediunicamente por Yvonne A. Pereira.

SUMÁRIO

INTRODUÇÃO | 01

O EVANGELHO DE Jesus é um hino à vida. E a vida é o mais alto investimento de Deus na criação. Quando Jesus afirmou: eu vim para que todos tenham vida e a tenham em abundância, referiu-se ao elevado valor que a vida tem, situando-a acima de qualquer outro aspecto no universo.

Por isso, todo aquele que atenta contra ela, seja a sua ou a de outrem, comete um crime brutal contra as leis de amor instituídas por Deus. Tudo na natureza conspira a favor da vida. Vírus e bactérias, que são os seres mais simples na escala evolutiva da biologia terrena, podem permanecer em estado latente quando as condições de vida forem desfavoráveis durante anos até que, retornando essas condições adequadas, eles despertam do sono letárgico e reiniciam suas histórias de vida.

A vida é persistente. Uma vez criada já faz parte da eternidade. O maior presente que Deus dá aos seres que cria, e Ele jamais para de criar, é a eternidade. Somos imortais. Imortais e com sentimentos, a culminar no maior deles, o amor. Portanto, fugir da vida é simplesmente uma aventura impossível. Que se conscientize dessa verdade todo aquele que pensa em preparar emboscadas contra ela.

Devemos à vida uma admiração respeitosa, uma reverência sagrada, um cuidado delicado e vigilante a fim de que nada a perturbe. Toda vida é sagrada; Emmanuel quando fala da maternidade geradora de vida acrescenta: a maternidade é um segredo entre Deus e a mulher. A vida é a realidade mais palpável e abundante no universo. Somos herdeiros de um Deus vivo; nosso governador espiritual, Jesus, é um ser vivo; tudo que nos cerca caminha para a vida sob a forma de princípios inteligentes que se abrigam nos minerais, vegetais, animais e se promovem nos humanos.

Por qual razão alguém se acha com o direito de agredir a vida? Loucura? Desespero? Rebeldia? Seja qual for o motivo, que fique certo de que nada ou ninguém conseguirá barrá-la. Um tiro no peito não mata a vida, apenas perfura a vestimenta que a acolhe. Seja qual for o motivo que leve alguém a agredir esse patrimônio inalienável, a vida, estará apenas criando problema novo e grave, adicionando mais combustível à sua fogueira de sofrimentos. Nesta obra analisamos o suicídio sob diversos aspectos, sempre tentando desconstruir a ideia da sua prática, enfatizando o erro fatal que é a sua realização. Existe uma preocupação por parte da espiritualidade para que atos brutais cometidos contra a vida sejam reparados. A própria Yvonne Pereira, médium e escritora brasileira já desencarnada solicitou de seu mentor, Bezerra de Menezes, a liberação de um romance no qual é narrado o seu segundo suicídio[1], devido ao aumento de casos de autocídios no mundo, em todas as faixas etárias e condições sociais.

A princípio, o mentor dissera que ela, atualmente já redimida dessa mácula, não necessitaria passar pelo constrangimento de ser lembrada, exemplificada e citada como alguém que falira e sofrera demasiadamente por sua dupla queda. Mas argumentando superação, convicta de que tais menções não a fariam reviver o drama, insistiu na liberação da obra, recentemente narrada por seu obsessor à época.

Nenhuma vantagem real ou imaginária poderá advir de tal tentativa de fuga, contrária a todos os princípios éticos, morais, filosóficos e religiosos já construídos no planeta. O suicídio não é uma alternativa para fugir do sofrimento até mesmo porque o sofrimento tem um propósito na vida, ou seja, dela faz parte. Vejamos em *O Evangelho segundo o Espiritismo,* capítulo IX qual a sua razão:

---

1 Livro: *Leila – a filha de Charles*. Arnold de Numiers. Psicografia de Denise Corrêa de Macedo. Capivari-SP, Editora EME, 2016.

> [...] a dor é uma bênção que Deus envia aos seus eleitos. Não vos aflijais, portanto, quando sofrerdes, mas, pelo contrário, bendizei a Deus todo-poderoso, que vos marcou com a dor neste mundo, para a glória no céu [...]

Quando o Mestre, há aproximadamente 2.000 anos, reportou-se ao sofrimento, não teve a intenção de fazer apologia à amargura e sim de nos lembrar da lei universal de ação e reação, causa e consequência de nossos equívocos. Evoluir implica em remendar os rasgados de nossa vida pregressa com o bordado da fé ativa e desenvolver novos conceitos a fim de que possamos ser dignos de adentrar mundos mais perfeitos. O sofrimento é a trilha pela qual nos encaminhamos através do dever retamente cumprido ao reino de Deus.

Entendamos de vez, que todos neste mundo de provas e expiações, sofrem, sejam dores físicas ou morais, ambas necessárias ao aprimoramento e à depuração do espírito. O mundo tem no sofrimento seu combustível e ele surge primeiramente das nossas imperfeições morais e, secundariamente das próprias condições do globo tais como gravidade, temperatura, instabilidades climáticas, harmonização geológica, desastres naturais, dentre outras. Mesmo o missionário que aqui chega sofre os rigores das leis físicas de um planeta inferior.

Jesus, nosso modelo de perfeição e governador da Terra, tratou o sofrimento como uma moeda de aquisição da felicidade, senão vejamos:

Bem-aventurados os que choram, pois que serão consolados.

Bem-aventurados os famintos e os sequiosos de justiça, pois que serão saciados.

Bem-aventurados os que sofrem perseguição pela justiça, pois é deles o reino dos céus.

Mateus, capítulo V, vv. 5, 6 e 10.

Bem-aventurados vós que sois pobres, porque vosso é o reino dos céus.

Bem-aventurados vós, que agora tendes fome, porque sereis saciados.

Ditosos sois vós, que agora chorais, porque rireis.

Lucas, capítulo VI, vv. 20 e 21.

Que o sofrimento, principal causa do suicídio, seja entendido e aceito como o medicamento salutar e hábil para erradicar a desesperança e o medo.

Que o existir, com todo seu cortejo de bênçãos e de belezas, seja capaz de, definitivamente, elevar o espírito ao nível de compreensão de que a vida exige a eternidade e o amor dirige e conduz os eventos da Terra. Que o suicídio possa ser erradicado de vez dos pensamentos e dos sentimentos dos povos, para que a paz se achegue e faça morada em todos os corações.

Boa leitura e excelente prática.

O SUICÍDIO NA VISÃO ESPÍRITA

02

ANALISADO PELO ASPECTO religioso, o suicídio não tem aprovação em nenhuma religião séria, ou seja, aquela que tenta realmente ligar o homem a Deus. Sendo considerado um crime, uma vez que somente Deus pode abreviar ou prolongar a existência do homem na carne, o suicídio, praticado sob qualquer motivo, constitui uma desobediência à lei natural, sempre punível com os rigores proporcionais às causas, o que resulta em efeitos igualmente proporcionais.

Ninguém sabe como a vida é criada; ninguém sabe o mistério da sua eternidade, portanto, somente Aquele que a criou tem o poder de detê-la. Se uma palavra ofensiva ou descortês é passível de retorno a quem a pronuncia, muito mais se exige de uma agressão sem tamanho ao seu corpo, que não lhe pertence, pois se trata de uma vestimenta recebida como empréstimo para funcionar como instrumento de interação entre o espírito e a matéria.

Que nossa mente não seja receptáculo de tal ideia, a de autoextermínio, pois as obras divinas, sempre feitas com amor e para o amor, dignas de preservação e de admiração, apenas se afeiçoam aos ditames do seu Criador, restando às criaturas o respeito à tão perfeita e extraordinária obra, o corpo humano.

Iniciemos a análise de tão angustiante tema pelo *O Livro dos Espíritos* com a opinião dos luminares que ditaram a obra:

> 944. - O homem tem o direito de dispor da sua própria vida?
>
> - Não; somente Deus tem esse direito. O suicídio voluntário é uma transgressão dessa lei.
>
> 945. - O que pensar do suicídio que tem por causa o desgosto da vida?
>
> - Insensatos! Por que não trabalhavam? A existência não lhes teria sido tão pesada!

Aqui vale lembrar o contexto no qual Kardec viveu e a quem os espíritos se referiam quando os chamou de insensatos (pergunta 945) e perguntou por que não trabalhavam. Referiam-se aos membros da nobreza que se suicidavam devido ao tédio, pois sendo abastados, não trabalhavam e diante do vazio que sentiam não viam um sentido na vida. Atualmente com o desemprego e a miséria rondando as portas dos trabalhadores não poderíamos admitir tal resposta uma vez que trabalhadores se suicidam justamente por falta do trabalho que lhes garanta o sustento da família.

> 946. – Que pensar do suicida que tem por fim escapar às misérias e às decepções deste mundo?
>
> – Pobres espíritos que não tiveram a coragem de suportar as misérias da existência! Deus ajuda aos que sofrem e não aos que não têm força nem coragem. As tribulações da vida são provas ou expiações. Felizes os que as suportam sem se queixar, porque serão recompensados! Infelizes, ao contrário, os que esperam uma saída nisso que, na sua impiedade, chamam de sorte ou acaso! A sorte ou acaso, para me servir de sua linguagem, podem de fato favorecê-los por um instante, mas somente para lhes fazer sentir mais tarde, e de maneira mais cruel, o vazio de suas palavras.

Aqui, novamente, recorremos ao contexto da época. Era preciso deixar clara a ideia de que Deus, sendo amor e justiça, não pode tratar igualmente aquele que se comporta corajosamente diante das provações e os que delas fogem. Por isso entendamos a frase, *Deus ajuda aos que sofrem e não aos que não têm força nem coragem,* como um reforço dessa ideia, pois Deus, misericórdia infinita, jamais abandonaria um de Seus filhos, mesmo diante dos crimes horrendos que ele tenha praticado. Deus fez a lei e ela, no caso nos referimos especificamente à lei de ação e reação, se cumpre integralmente.

Na doutrina espírita há vasto material de pesquisa e ampla argumentação profundamente contrária ao suicídio, interpretado como rebeldia aos desígnios divinos, fuga ao dever, fragilidade diante dos tormentos, falta de fé, melancolia, dentre outros. Recorramos ao *O Evangelho segundo o Espiritismo* para obter mais subsídios quanto a este argumento:

> A calma e a resignação adquiridas na maneira de encarar a vida terrena, e a fé no futuro, dão ao espírito uma serenidade que é o melhor preservativo da loucura e do suicídio. Com efeito, a maior parte dos casos de loucura são provocados pelas vicissitudes que o homem não tem forças de suportar. Se, portanto, graças à maneira por que o espiritismo o faz encarar as coisas mundanas, ele recebe com indiferença, e até mesmo com alegria, os revezes e as decepções que em outras circunstâncias o levariam ao desespero, é evidente que essa força, que o eleva acima dos acontecimentos, preserva a sua razão dos abalos que o poderiam perturbar.
>
> O mesmo se dá com o suicídio. Se excetuarmos os que se verificam por força da embriaguez e da loucura, e que podemos chamar de inconscientes, é certo que, sejam quais forem os motivos

particulares, a causa geral é sempre o descontentamento. Ora, aquele que está certo de ser infeliz apenas um dia, e de se encontrar melhor nos dias seguintes, facilmente adquire paciência. Ele só se desespera se não vir um termo para os seus sofrimentos. E o que é a vida humana, em relação à eternidade, senão bem menos que um dia? Mas aquele que não crê na eternidade, que pensa tudo acabar com a vida, que se deixa abater pelo desgosto e o infortúnio, só vê na morte o fim dos seus pesares. Nada esperando, acha muito natural, muito lógico mesmo, abreviar as suas misérias pelo suicídio

***ESE*, capítulo V, O suicídio e a loucura.**

A doutrina espírita matou a morte, no sentido de que provou através da mediunidade a perenidade da vida. Não há fórmula, arma ou sentença que determine a morte de um ser humano. Consequentemente, toda tentativa de se evadir da vida é vã e traz efeitos funestos para aquele que ousa tentar travar seu curso. Em qualquer provação, caminho, expiação, mesmo na treva mais densa, a vida resiste e resulta vitoriosa emergindo da própria essência. A vida é para ser louvada, cantada, poetizada, cercada por vigílias e orações desde o berço da eternidade onde nasceu até a consumação dos séculos onde reinará vitoriosa e bela. Deus, seu idealizador e criador, assim determinou e assim será sempre.

O SUICÍDIO POR AMOR

03

SENDO O AMOR um sentimento doce e acolhedor, como pode inspirar acontecimento tão trágico (o suicídio) e repleto de dor a castigar aqueles que partilham a convivência com a pessoa que o pratica? Como o que é bom não degenera, podemos compreender que não é o amor o inspirador de tão funesto gesto, mas a ignorância ou desconhecimento do seu verdadeiro significado.

Não entendo ainda com profundidade o verdadeiro significado do amor, mas tento não manchá-lo com minhas imperfeições. Talvez até pense e sinta como aquela pessoa que não entendendo o amor, tenha medo de entender e deixar de senti-lo. Para mim o amor é uma luz que não tem fim, um abrigo que nunca fecha a porta, um abraço que, após enlaçar os braços, não desgruda mais.

O amor acolhe, cuida, pacifica, enternece, fortalece e nunca morre. O amor não abandona; mesmo no vale da sombra e da morte permanece fiel até que a provação passe, pois todo sofrimento é temporário. Devemos ter a consciência de que jamais alguém caminha só ou abandonado em lugar algum do universo, pois Deus, criador e mantenedor da vida, estando em todos os lugares, está ao lado de todos.

Jesus, reafirmando essa verdade incontestável, asseverou: jamais vos deixarei órfãos. Estarei convosco até a consumação dos séculos. Nos planos de Deus não consta determinadas palavras que são criações humanas. Solidão, agressão, abandono, castigo, desamor e similares são palavras e gestos humanos, pois o que vem da parte de Deus é amor sob a forma de milhões de faces. Vejamos este relato extraído de um jornal indiano:

> Uma garota indiana de 12 anos se matou para doar seus órgãos para seu pai e seu irmão. No entanto, Mumpu Sarkar, que vivia na cidade de Jhorpara, morreu em vão, já que a carta de suicídio, que detalhava seu plano, só foi encontrada ao lado de sua cama no dia seguinte à tradicional cerimônia de cremação.
>
> No documento, endereçado à mãe, a garota pedia para que doassem suas córneas ao pai e

> seus rins ao irmão. Quando soube o real motivo do suicídio da menina, a mãe de Mumpu entrou em estado de choque.
>
> "Quando entendemos os sentimentos desta criança tão sensível já era tarde demais", declarou o pai da menina, Mridul. Mumpu teria escutado uma conversa de família em que seu pai dissera que somente uma cirurgia salvaria sua visão e um transplante de rim daria esperanças ao seu irmão Monojit, que sofria de uma doença renal crônica. No entanto, o custo das duas cirurgias é alto demais para os ganhos da família. Eles chegaram a pedir ajuda ao Estado que concedeu algum dinheiro para o tratamento do garoto. No entanto, esta tragédia aconteceu de repente e acabou com tudo, disse Tapas Tarafdar, líder político local.
>
> *The Times off Índia.*

Podemos entender o sentimento dessa criança, mas seguramente não nos cabe creditar ao amor genuíno o gesto de piedade dela por seus parentes. A imaturidade, a ignorância acerca das consequências do ato, a ação praticada por impulso, sem a orientação de alguém sábio e confiável geraram a tragédia. É possível entender o gesto, mas, em sã consciência é difícil aprová-lo. Se consultados, nem o pai nem o irmão concordariam com a ideia de se beneficiarem à custa do sacrifício de alguém a quem amavam.

O pai deve estar a se lamentar de ter exposto sua necessidade e a de seu outro filho diante de um coração tão generoso e corajoso, mas infantil e inconsequente. Por outro lado, como Deus julga mais a intenção do que o fato, diante da volumosa argumentação embasada em atenuantes, esse espírito, certamente não sofrerá consequências cármicas por seu gesto nobre. Ninguém tem mais amor do que aquele que dá a vida por seu irmão, mas tal afirmativa se baseia na doação consciente, na certeza de que a ação sacrificial se colocada em prática frutificará e resultará na vitória a ser alcançada somente com a concretização do gesto supremo. Não foi este o caso da criança. Mesmo assim deve-se levar em consideração o sacrifício feito por amor, embora ingênuo, à família, sempre meritório aos olhos de Deus. Vejamos a opinião dos bons espíritos:

> 951. - O sacrifício da vida não é às vezes meritório, quando tem por fim salvar a de outros ou ser útil aos semelhantes?
>
> — Isso é sublime, de acordo com a intenção, e o sacrifício da vida não é então um suicídio. Mas Deus se opõe a um sacrifício inútil e não pode vê-lo com prazer, se estiver manchado pelo orgulho. Um sacrifício não é meritório senão pelo desinteresse, e aquele que o pratica tem, às vezes, uma segunda intenção que lhe diminui o valor aos olhos de Deus.
>
> Comentário de Kardec: Todo sacrifício feito à custa da própria felicidade é um ato soberanamente meritório aos olhos de Deus, porque

> é a prática da lei de caridade. Ora, sendo a vida o bem terreno a que o homem dá maior valor, aquele que a ela renuncia pelo bem dos seus semelhantes não comete um atentado: é um sacrifício que ele realiza. Mas antes de realizá-lo deve refletir se a sua vida não poderá ser mais útil que a sua morte.
>
> ***O Livro dos Espíritos***

Não se age por impulso quando o alvo é a vida. A vida é algo mágico, invencível, mas frágil em determinados aspectos. Por isso ela exige a companhia da fé, e por fé traduzimos aqui o conceito de um espírito protetor que deixou grafado em *O Evangelho segundo o Espiritismo*, capítulo XIX, valioso conceito:

> A fé é o sentimento inato, no homem, da sua destinação. É a consciência das prodigiosas faculdades que traz em germe no íntimo, a princípio em estado latente, mas que ele deve fazer germinar e crescer, através da sua vontade ativa.

Extraímos do livro *O Céu e o Inferno* de Allan Kardec, o relato de um casal que muito se amava, mas que estando separado e compromissado com outras companhias, não suportando mais a separação e para não trair com quem se haviam comprometido resolveram se suicidar.

É de um jornal de 13 de junho de 1862 a seguinte narrativa:

DUPLO SUICÍDIO, POR AMOR E POR DEVER

A jovem Palmyre, modista, residindo com seus pais, era dotada de aparência encantadora e de caráter afável. Por isso, era, também, muito requestada a sua mão. Entre todos os pretendentes ela escolheu o Sr. B., que lhe retribuía essa preferência com a mais viva das paixões. Não obstante essa afeição, por deferência aos pais, Palmyre consentiu em desposar o Sr. D., cuja posição social se afigurava mais vantajosa àqueles do que a do seu rival.

Os Srs. B. e D. eram amigos íntimos, e posto não houvesse entre eles quaisquer relações de interesse, jamais deixaram de se avistar. O amor recíproco de B. e Palmyre, que passou a ser a Sra. D., de modo algum se atenuara, e como se esforçassem ambos por contê-lo, aumentava-se ele de intensidade na razão direta daquele esforço. Visando extingui-lo, B. tomou o partido de se casar, e desposou, de fato, uma jovem possuidora de eminentes predicados, fazendo o possível por amá-la.

Cedo, contudo, percebeu que esse meio heroico lhe fora inútil à cura. Decorreram quatro anos sem que B. ou a senhora D. faltassem aos seus deveres. O que padeceram, só eles o sabem, pois D., que estimava deveras o seu amigo, atraía-o sempre ao seu lar, insistindo para que nele ficasse quando tentava retirar-se. Aproximados um dia por circunstâncias fortuitas e independentes da própria vontade, os dois amantes deram-se ciência do mal que os torturava e acharam que a morte era, no caso, o único remédio que se lhes deparava.

Assentaram que se suicidariam juntamente no dia seguinte, em que o Sr. D. estaria ausente de casa mais prolongadamente. Feitos os últimos aprestos, escreveram longa e tocante missiva, explicando a causa da sua resolução: para não prevaricarem. Essa carta terminava pedindo que lhes perdoassem e, mais, para serem enterrados na mesma sepultura. De regresso a casa, o Sr. D. encontrou-os asfixiados. Respeitou-lhes os últimos desejos, e, assim, não consentiu fossem os corpos separados no cemitério.

Sendo esta ocorrência submetida à Sociedade de Paris, como assunto de estudo, um espírito respondeu: "Os dois amantes suicidas não vos podem responder ainda. Vejo-os imersos na perturbação e aterrorizados pela perspectiva da eternidade. As consequências morais da falta cometida lhes pesarão por migrações sucessivas, durante as quais suas almas separadas se buscarão incessantemente, sujeitas ao duplo suplício de se pressentirem e desejarem em vão. Completa a expiação, ficarão reunidos para sempre, no seio do amor eterno. Dentro de oito dias, na próxima sessão, podereis evocá-los. Eles aqui virão sem se avistarem, porque profundas trevas os separarão por muito tempo.

Evocação da suicida.

– Vedes o vosso amante, com o qual vos suicidastes?

– R. Nada vejo, nem mesmo os espíritos que comigo erram neste mundo. Que noite! Que noite! E que véu espesso me circunda a fronte!

– Que sensação experimentastes ao despertar no outro mundo?

– R. Singular! Tinha frio e escaldava. Tinha gelo nas veias e fogo na fronte! Coisa estranha, conjunto inaudito! Fogo e gelo pareciam consumir-me! E eu julgava que ia sucumbir uma segunda vez!

– Experimentais qualquer dor física?

– R. Todo o meu sofrimento reside aqui, aqui...

– Que quereis dizer por aqui, aqui?

– Aqui, no meu cérebro; aqui, no meu coração...

É provável que, visível, o espírito levasse a mão à cabeça e ao coração.

– Acreditais na perenidade dessa situação?

– R. Oh! sempre! sempre! Ouço às vezes, risos infernais, vozes horrendas que bradam:

sempre assim!

– Pois bem, podemos com segurança dizer-vos que nem sempre assim será. Pelo arrependimento obtereis o perdão.

– R. Que dizeis? Não ouço.

– Repetimos que os vossos sofrimentos terão um termo, que os podereis abreviar pelo arrependimento, sendo-nos possível auxiliar-vos com a prece.

- R. Não ouvi além de sons confusos, mais que uma palavra. Essa palavra é: graça!

- Seria efetivamente graça o que pronunciastes? Falastes em graça, mas sem dúvida o fizestes à alma que por aqui passou junto de mim, pobre criança que chora e espera.

Uma senhora, presente à reunião, declarou que fizera fervorosa prece pela infeliz, o que sem dúvida a comoveu, e que de fato, mentalmente, havia implorado em seu favor a graça de Deus.

- Dissestes estar em trevas e nada ouvir?

- R. É-me permitido ouvir algumas das vossas palavras, mas o que vejo é apenas um crepe negro, no qual de vez em quando se desenha um semblante que chora.

- Mas uma vez que ele aqui está por não o avistardes, nem sequer vos apercebeis da presença do vosso amante?

- R. Ah! Não me faleis dele. Devo esquecê-lo presentemente para que do crepe se extinga a imagem retratada.

- Que imagem é essa?

- R. A de um homem que sofre, e cuja existência moral sobre a Terra aniquilei por muito tempo.

Da leitura dessa narrativa logo se depreende haver neste suicídio circunstâncias atenuantes, encarado como ato heroico provocado pelo cumprimento do dever. Mas reconhece-se, também, que, contrariamente ao julgado, longa e terrível deve ser a pena dos culpados por se terem voluntariamente refugiado na morte para evitar a luta.

A intenção de não faltar aos deveres era, efetivamente, honrosa, e lhes será contada mais tarde, mas o verdadeiro mérito consistiria na resistência, tendo eles procedido como o desertor que se esquiva no momento do perigo. A pena consistirá, como se vê, em se procurarem debalde e por muito tempo, quer no mundo espiritual, quer noutras encarnações terrestres; pena que ora é agravada pela perspectiva da sua eterna duração.

Essa perspectiva, aliada ao castigo, faz que lhes seja defeso ouvirem palavras de esperança que porventura lhes dirijam. Aos que acharem esta pena longa e terrível, tanto mais quanto não deverá cessar senão depois de várias encarnações, diremos que tal duração não é absoluta, mas dependente da maneira pela qual suportarem as futuras provações. Além do que, eles podem ser auxiliados pela prece. E serão assim, como todos, os árbitros do seu destino. Não será isso, ainda assim, preferível à eterna condenação, sem esperança, a que ficam irrevogavelmente submetidos segundo a doutrina da Igreja, que os considera votados ao inferno e para sempre, a ponto de lhes recusar, com certeza por inúteis, as últimas preces?

***O Céu e o Inferno*, Allan Kardec, capítulo V.**

O mais importante para quem está encarnado é continuar encarnado. Tudo o mais nesta terra dependerá dessa condição. Essa certeza de que o homem é um deus, de que pode superar qualquer adversidade, que possui em si todos os meios e poderes para se impor e ultrapassar qualquer obstáculo, desde que tenha vontade firme, o afasta de qualquer sentimento de inferioridade e de derrotismo.

Eu posso! Eu sou! Eu supero! Que diga isso a si mesmo diante de qualquer dificuldade e se apegue aos seus protetores espirituais fazendo o que lhe compete no limite de suas forças e de sua vontade e nada, absolutamente nada, lhe será anteparo para atingir o cume de suas aspirações.

Que raciocine sua fé, chame a si suas filhas, a esperança e a caridade, torne-a inabalável, ou seja, capaz de enfrentar a razão em qualquer situação, e então a derrota será apenas uma palavra ausente em seu vocabulário. A fé é a arte de realizar o que é impossível para os fracos; a propulsora de fazer alçar o espírito às regiões inabordáveis para os descrentes; a poesia que dulcifica a aridez da amargura pelas doces rimas da consolação e do aconchego.

A tudo devemos fazer com amor e para o amor, menos agredir a vida, criada pelo amor. Não se agrada ao amor agredindo-o. Ergamos os braços para o trabalho renovador do mundo, mas jamais contra qualquer suspiro de vida, pois este crime reverterá contra qualquer um que tente praticá-lo.

Ensinemos a nossos filhos o valor da vida no homem, no pássaro, nos vegetais e estaremos renovando o cenário agressivo no qual nos encontramos onde o suicídio é tido por algumas pessoas inadvertidas como solução de fuga.

Depois da morte não encontrarão o nada. O nada quando citado ou pensado, já passa a ser alguma coisa, pois o nada, realmente não existe. Armem-se de coragem todos aqueles que passam por dificuldades, pois dificuldades são a tônica do planeta, que ainda se arrasta nos estertores de sua inferioridade.

Resistência é a arma dos fortes. Pensemos em quantos milhares de problemas todos já enfrentaram, desde os estágios nas espécies mais simples na forma de princípio inteligente, vencendo o frio, a fome, a escuridão, o calor, o medo, a violência, por milhões de anos e veremos que o problema de agora é superável. As inumeráveis vitórias obtidas tornarão insignificante, pequena e temporária, a aparente derrota de hoje, pois fomos criados para a superação e a vitória.

O amor não pode jamais induzir ao erro ou fracasso. Falo do amor seleto e não do amor imaturo, misturado com imperfeições qual joio e trigo, ouro e cascalho. Professor sábio e dedicado, o amor ensina sempre. Aprende-se de início que ele é doação, portanto, quem nunca doou nunca amou. Por isso se diz que não se deve pedir amor, carinho e atenção, mas doar essas virtudes a quem foi escolhido pelo amor para nos enternecer a alma. Aprende-se também, que só é amor quando a pessoa que queremos ao lado consegue extrair de nós o que de melhor temos ou somos capazes de fazer. Devemos aprender aos poucos que o amor, ao contrário do ódio, não tem peso, contraindicações e invade tudo, barreiras físicas, vibracionais e dimensionais. O amor é o único sentimento para o qual não há defesa. Ele invade, transmuta, ilumina, multiplica, ama e fim.

Seja qual for o obstáculo que te atormenta, uma mulher que não aceitou teu carinho, um homem que desdenha teus afagos, um filho que te despreza, um pai que te maltrata, persevera em tua missão de continuar vivo, ético e fraterno. Quem garante que o momento atual não é apenas um degrau na escadaria do sucesso? Deus sempre tem boas ideias. Recorre a Ele e vencerás.

O VALE DOS SUICIDAS 04

Comportamentos e pensamentos semelhantes se atraem formando verdadeiros bolsões de miséria e dor na espiritualidade, quando esses pensamentos são inferiores. Os suicidas convergem magneticamente para vales tortuosos onde reinam as mais deploráveis condições sub-humanas. Ali passam geralmente o tempo que deveriam permanecer na carne, caso o suicídio não tivesse ocorrido. Ocorre que o momento traumatizante do tiro, do enforcamento, do envenenamento, ou outro método utilizado no suicídio, se cristaliza com todo o seu séquito de dores, enlouquecendo o infortunado que atentou contra a vida.

Além de ver o seu suicídio plasmado no espaço projetado pela cristalização do seu pensamento, assiste, também, as outras cenas dos demais desgraçados que tiveram igual sorte. Nesse emaranhado de cenas e gritos, esgares e dança cataléptica, ele procura esconderijo nas cavernas escuras e lamacentas que formam o cenário atípico criado por seus desorganizados pensamentos. Na magistral obra *Memórias de um suicida* de autoria do escritor Camilo Castelo Branco, aprimorada por Léon Denis e psicografada por Yvonne Pereira, podemos aferir o relato completo das dores e tormentos que sacodem o suicida em sua busca inglória de paz. Vejamos um pequeno relato:

O escritor diz que nos primeiros meses de seu sofrimento ficou vagando entre o cemitério (onde se encontravam seus despojos carnais e que por muitas vezes, apesar de permanecer cego na espiritualidade, se deparou com a imagem de seu corpo físico em estado de decomposição) e as ruas da região onde morava, sentindo fortes dores na região atingida pelo projétil e experimentando grave perturbação mental infringida pelas sensações físicas impressas em seu perispírito:

> Odores fétidos e nauseabundos, todavia, revoltavam-me brutalmente o olfato. Dor aguda, violenta, enlouquecedora, arremeteu-se instantaneamente sobre meu corpo por inteiro, localizando-se particularmente no cérebro e iniciando-se no aparelho auditivo. Presa de convulsões indescritíveis de dor física, levei a destra ao ouvido di-

> reito: - o sangue corria do orifício causado pelo projétil da arma de fogo de que me servira para o suicídio e manchou-me as mãos, as vestes, o corpo... Eu nada enxergava, porém. Convém recordar que meu suicídio derivou-se da revolta por me encontrar cego, expiação que considerei superior às minhas forças. Injusta punição da natureza aos meus olhos necessitados de ver, para que me fosse dado obter, pelo trabalho, a subsistência honrada e ativa. Sentia-me, pois, ainda cego; e, para cúmulo do meu estado de desorientação, encontrava-me ferido. Tão somente ferido e não morto! Porque a vida continuava em mim como antes do suicídio!

No ano seguinte a sua desencarnação, Camilo fora recolhido a uma região espiritual, denominada por ele "O Vale dos Suicidas", uma região densa, que abrigara espíritos suicidas, oriundos das regiões de Portugal e suas colônias africanas, além de Brasil e Espanha. O reconhecido escritor português define o Vale como uma manifestação evidente do sofrimento, uma espécie de inferno criado pelo pensamento doente dos próprios espíritos que ali se encontravam:

> Não havia então ali, como não haverá jamais, nem paz, nem consolo, nem esperança: tudo em seu âmbito marcado pela desgraça era miséria, assombro, desespero e horror. Dir-se-ia a caverna tétrica do incompreensível, indescritível a rigor

> até mesmo por um espírito que sofresse a penalidade de habitá-la.

Seres sofredores se revezavam entre gritos e choros, dor e tristeza, culpa e arrependimento, em um lugar escuro, frio, cortado por zonas abismais e cavernas tenebrosas de difícil descrição e reprodução para a mente humana.

A linguagem humana ainda não precisou inventar vocábulos bastante justos e compreensíveis para definir as impressões absolutamente inconcebíveis que passam a contaminar o 'eu' de um suicida, logo às primeiras horas que se seguem ao desastre, as quais sobem e se avolumam, envolvem-se em complexos e se radicam e cristalizam num crescendo que traduz estado vibratório e mental que o homem não pode compreender, porque está fora da sua possibilidade de criatura que, mercê de Deus, se conservou aquém dessa anormalidade. Para entendê-la e medir com precisão a intensidade dessa dramática surpresa, só outro espírito cujas faculdades se houvessem queimado nas efervescências da mesma dor!

Camilo permanece no vale por longos treze anos e então, após julgar-se abandonado e incapaz de reagir por ter todas as suas energias esgotadas e arrepender-se sinceramente do crime que cometera contra a própria vida, é resgatado por uma equipe de socorristas e conduzido ao "Hospital Maria de Nazaré", a fim de restabelecer sua organização perispiritual para incursão em uma nova existência carnal. Durante todo o tempo o autor espiritual deixa claro o sofrimento vivido por ele.

Os vales são, portanto, locais de convergência de delinquentes para o devido reajuste com a lei que tentaram burlar. Seus ocupantes podem ser suicidas, homicidas, abortadeiras, corruptos, ladrões vulgares, que são sugados como se poderoso ímã os conduzissem a um local saturado de energias que os retêm como que algemados ao cenário dantesco que eles mesmos criam. Ali eles reproduzem seus dramas em cinematografia colorida e dramática, tornando-se todos espectadores de suas próprias alucinações, agora superlativas, pois às suas dores se somam as de seus companheiros, fazendo-os crerem que o inferno mitológico é mera peça infantil diante da realidade que os enlouquecem.

Maria de Nazaré, a mãe de Jesus, muito se esforça em trabalhos de alívio ao sofrimento dos suicidas, tendo a seu serviço a "Legião de Servos de Maria", composta por batalhões de trabalhadores incansáveis em resgates de espíritos nesses vales de purgação e de sofrimento. Que Deus, com sua infinita misericórdia, venha a nos inspirar e fortalecer a fim de que possamos incluí-los em nossas preces e socorrê-los em nossos desdobramentos noturnos, ocasião em que os mentores nos requisitam para trabalhos assistenciais.

POR QUE ALGUÉM SE SUICIDA?

05

CERTAMENTE SÃO INÚMEROS os motivos pelos quais alguém tenta a fuga da vida devido a situações aparentemente insuportáveis. Grupos distintos possuem explicações variadas, cada uma delas tentando esclarecer a tragédia que é a perda da alegria de viver.

Vejamos primeiramente pequeno texto de *O Evangelho segundo o Espiritismo*, intitulado de "A melancolia" e outro sobre o materialismo, ambos tidos como desmotivadores do desejo de viver.

> Sabeis por que uma vaga tristeza se apodera por vezes de

vossos corações, e vos faz sentir a vida tão amarga? É o vosso espírito que aspira à felicidade e à liberdade, mas, ligado ao corpo que lhe serve de prisão, se cansa em vãos esforços para escapar. E, vendo que esses esforços são inúteis, cai no desânimo, fazendo o corpo sofrer sua influência, com a languidez, o abatimento e uma espécie de apatia, que de vós se apoderam, tornando--vos infelizes.

Acreditai no que vos digo e resisti com energia a essas impressões que vos enfraquecem a vontade. Essas aspirações de uma vida melhor são inatas no espírito de todos os homens, mas não a busqueis neste mundo. Agora, que Deus vos envia os seus espíritos, para vos instruírem sobre a felicidade que vos está reservada, esperai pacientemente o anjo da libertação, que vos ajudará a romper os laços que mantém cativo o vosso espírito. Pensai que tendes a cumprir, durante vossa prova na Terra, uma missão de que já não podeis duvidar, seja pelo devotamento à família, seja no cumprimento dos diversos deveres que Deus vos confiou.

E se, no curso dessa prova, no cumprimento de vossa tarefa, virdes tombarem sobre vós os cuidados, as inquietações e os pesares, sede fortes e corajosos para suportá-los. Enfrentai-os decisivamente, pois são de curta duração e devem conduzir-vos junto aos amigos que chorais, que se alegrarão com a vossa chegada e vos estende-

> rão os braços, para vos conduzirem a um lugar onde não têm acesso às amarguras terrenas.
>
> ***ESE*, capítulo V.**
>
> A propagação das ideias materialistas é, portanto, o veneno que inocula em muitos a ideia do suicídio, e os que se fazem seus apóstolos assumem uma terrível responsabilidade. Com o espiritismo, a dúvida não sendo mais permitida, modifica-se a visão da vida. O crente sabe que a vida se prolonga indefinidamente para além do túmulo, mas em condições inteiramente novas. Daí a paciência e a resignação, que muito naturalmente afastam a ideia do suicídio. Daí, numa palavra, a *coragem moral*.
>
> ***ESE*, capítulo V.**

A tristeza, a sensação de estar prisioneiro e saudoso dos amigos dos quais se sente apartado, os pesares da vida, a ausência do amor, são fardos pesados que podem induzir uma pessoa a encurtar seu período de encarnação na Terra. Mas vejamos os motivos da psicologia explicados de maneira simples.

Em termos genéricos, por um lado, o suicídio veicula o desejo de escapar ou terminar com o sofrimento (que é resultante de variados problemas) e, por outro, o desejo de comunicar o sofrimento aos outros, ou seja, através de uma tentativa de suicídio. Tal tentativa é um sinal de alerta, um pedido de ajuda, um grito desesperado de socorro. Além disso, cada pessoa tem os seus próprios motivos, muito particulares, profundos e extremamente dolorosos que a levam a tomar tal atitude, irreversível quando praticada com sucesso.

Uma mudança repentina nas suas circunstâncias de vida, tais como dificuldades financeiras, desemprego, perda de *status* socioeconômico, mudanças no contexto familiar ou relacional (divórcio, fim de uma relação, morte de um familiar...) ou ainda a sensação de isolamento, solidão e a ausência de horizontes ou projetos futuros podem constituir fatores relevantes.

Não esqueçamos também, de que determinadas perturbações do humor (depressão, transtorno afetivo bipolar, esquizofrenia) podem contribuir para um estado de maior desorganização e desconforto emocional, quando fragilizam as potenciais competências para pensar em soluções e lidar com as adversidades. Esse quadro gera uma desmotivação de vida, que por sua vez aumenta a possibilidade do desespero se tornar ainda mais intolerável (adaptado de *Oficina de psicologia*).

AS DEZ PRINCIPAIS CAUSAS DO SUICÍDIO NA ATUALIDADE:

1. Solidão

Uma das queixas mais recorrentes na tentativa de suicídio é a solidão. O sentimento de isolamento, de uma angústia profunda por se sentir sozinho, de que ninguém vai compreendê-lo, de que não aguenta mais e está cansado, são exemplos de argumentos dessas pessoas. O silêncio funciona como uma "máscara" que encoberta a dor profunda e a vergonha sentidas. É possível que a pessoa, mesmo rodeada de amigos se sinta solitária. É sempre bom ficar atento aos sinais de isolamento, como baixa autoestima, tristeza, perda de apetite, desânimo e apatia. A solidão é um sentimento que, caso se torne contínuo na vida da pessoa, pode transformar-se em doença como a depressão.

2. Depressão

A consequência mais desastrosa da depressão é o suicídio. Das 30 mil pessoas que morrem por suicídio nos Estados Unidos a cada ano, por exemplo, a maioria está sofrendo de depressão. Entretanto, já que as mortes por suicídio nem sempre são notificadas (devido ao estigma e ao fato de que muitas mortes acidentais provavelmente são suicídio), o número real ao ano pode chegar a 50 mil. Na depressão, a pessoa se isola, chora muito, fica irritada, não sente mais prazer nas atividades que antes lhe agradavam, prefere não falar sobre seus sentimentos, não confia em ninguém e tem pensamentos suicidas.

3. Presença de outras doenças ou deficiência na saúde

Algumas doenças que deixam as pessoas impossibilitadas de alguma forma física, como andar, falar, ouvir, ou, por exemplo, outras doenças como HIV, câncer, uma doença terminal ou transtornos mentais (esquizofrenia, depressão, bipolaridade, distúrbios de ansiedade, e da personalidade, bulimia e anorexia, dentre outras) podem contribuir para uma maior desorganização emocional, uma vez que, por essas pessoas acharem que têm uma doença incurável ficam sem esperanças. Essas pessoas não conseguem pensar em soluções e lidar com os obstáculos que surgem, sentem-se física e psicologicamente, desesperadas e intoleráveis. O risco de suicídio em pessoas que sofrem de esquizofrenia, por exemplo, é de 4 a 10%, já que elas podem estar em estado fora da realidade, ter crises psicóticas e delírio de perseguição.

4. Problemas conjugais e de relacionamento

As brigas recorrentes com os pais e a falta de amparo deles, término de um relacionamento, discussões frequentes com o(a) parceiro(a), divórcio e separação podem levar uma pessoa ao suicídio. Um exemplo seria o de uma mulher que toma uma superdosagem de sonífero quando seu esposo ou amante ameaça deixá-la. Na maioria das vezes, para estas pessoas, uma relação em que se investiu tempo e toda uma carga emocional é difícil de ser desfeita. A separação ou discussões constantes levam à tristeza e depressão, elevando o risco para cometerem suicídio.

5. Dificuldades financeiras ou profissionais

Dificuldades financeiras, problemas no trabalho, desemprego e perda de *status* socioeconômico são outros riscos para o suicídio. A riqueza e o poder são volúveis e instáveis, e a qualquer momento estamos sujeitos a perder dinheiro, um emprego e a riqueza que existia antes. Atualmente, com o aumento do desemprego e a crise econômica, o suicídio parece para muitos ser a única saída possível, que acaba por desencadear solidão, perda de apoio social, crises familiares e sensação de impotência, agravando assim tendências autodestrutivas, abuso de álcool e outras drogas e transtornos mentais, como ansiedade e depressão.

6. *Bullying*

Atualmente, muito se tem falado sobre a relação de *bullying* e suicídio. Casos ocorridos com crianças e adolescentes que sofrem violência física e/ou psicológica por um grupo de indivíduos na escola, no bairro ou outro local, e cometem suicídio têm aumentado. Diante do *bullying*, a pessoa passa a ter ansiedade, depressão e pânico. E em certos casos, até a utilizar álcool e outras drogas. Seu medo é constante por sofrer ou tentar evitar esses atos de violência, levando à tristeza e pressão por receio de contar aos familiares e amigos seu sofrimento.

7. Problemas na adolescência e início da vida adulta

A taxa de suicídios entre adolescentes e jovens está aumentando. A incidência de suicídio entre jovens de 15 a 24 anos quadriplicou durante as últimas quatro décadas. Adolescentes suicidas tendem a abandonar os estudos ou a ter problemas de comportamento na escola, embora alguns sejam estudantes talentosos que se sentem pressionados para serem perfeitos e os melhores da turma.

Algumas pesquisas com estudantes do ensino médio mostram que 27% disseram pensar seriamente em se matar. Os universitários têm duas vezes mais chances de se matar do que os que não estão na universidade de mesma idade, pois, segundo alguns estudos, são mais mal-humorados, exigem mais de si mesmos e se deprimem com mais frequência do que seus colegas não-universitários.

Dentre os motivos para o suicídio estão: solidão, viver longe de casa pela primeira vez (no caso de irem morar em repúblicas), receber pouco afeto parental, ter pais alcoólatras, pais divorciados ou separados, enfrentar novos problemas, tentar se sobressair academicamente quando a competição é muito mais forte do que no ensino médio, indecisões quanto à escolha da profissão, solidão causada pela ausência dos velhos amigos e ansiedade em relação aos novos.

8. Luto ou perdas afetivas

Perder um familiar querido (pais, irmãos, cônjuge, filho) muitas vezes faz certas pessoas cometerem suicídio. Elas acham que podem ter perdido sua única fonte de apoio. Isso acontece muito com idosos que perdem seu parceiro, sua única companhia e de quem cuidava ou era cuidado. Perder alguém importante é deixar uma lacuna vazia em nossas vidas, uma pessoa que não estará mais presente. Mas para muitas pessoas é comum pensar em cessar a vida, uma vez que estão presenciando prejuízo funcional, preocupação mórbida com desvalorização de si, ideação suicida, e até sintomas psicóticos e retardo motor.

9. Abuso de drogas

Estudos mostram que entre pessoas que cometeram suicídio, quase 60% abusavam de drogas e 84% de álcool e outras drogas. O abuso de drogas faz com que estas pessoas fiquem deprimidas e se matem ou elas recorrem às drogas como uma forma de lidar com a depressão e se matam quando as drogas já não ajudam mais. Porém, em muitos casos, o abuso de drogas parece ter aparecido antes dos problemas psicológicos. Jovens, com menos de 30 anos, usuários de drogas que cometem suicídio têm uma frequência maior do que a prevista de conflitos interpessoais intensos ou de perda de um cônjuge ou parceiro nas semanas que antecedem o suicídio.

10. Timidez

Pode parecer impossível alguém tímido pensar em suicídio. Porém, a timidez é sim, um dos fatores de risco para uma pessoa cometer suicídio. Mas não se trata aqui de timidez normal e sim da patológica, conhecida pelos profissionais de saúde mental como transtorno de ansiedade social. Esta timidez patológica limita a vida profissional, social e afetiva. Há um desconforto e inibição que estas pessoas apresentam em seus comportamentos, como: medo intenso, desproporcional e sem motivo aparente; círculo de amizades restrito; evita tudo que é novo; tem rotina rígida; sente grande necessidade de aprovação dos outros. E tudo isso afeta o prazer de viver, acabando por pensar em suicídio para escapar e não saber como ultrapassar estes obstáculos.

Fonte: http://mentalhealthdaily.com/2014/07/23/15-common-causes-of-suicide-why-do- people-kill-themselves/

Pelo exposto, as causas do suicídio são numerosas, podendo aparecer juntas em alguns casos ou isoladamente, mas com uma gravidade e profundidade capazes de se sobrepor à alegria de viver. O importante em cada caso é obter ajuda acadêmica, sem, contudo, abdicar do tratamento espiritual. Essa conjugação espírito-matéria, ou seja, medicamento através da alopatia, da homeopatia, da evangelhoterapia, da fluidoterapia (passes e água magnetizada), do magnetismo, aliás, de tudo que a natureza dispor, é altamente válido e necessário.

A vida é um poema que escorre pelo relógio da eternidade. É um presente de Deus para sua criação. Um segredo não desvendado. Nunca é supérflua, mas para sempre amada. É isso! Amada.

CONSEQUÊNCIAS DO SUICÍDIO

06

O SUICÍDIO É a falência da razão, da confiança em Deus, do poder de superação das dores; é em outras palavras, uma associação com a derrota. Se bem analisado, não existe uma única razão positiva para o espírito, que o incentive à morte prematura. O suicídio não resolve problemas, pelo contrário, os cria e muitos superiores aos já existentes. É preferível, do ponto de vista da evolução espiritual, que no lugar de o homem se matar que sua mão seja paralisada, seu cérebro embotado, sua lucidez empobrecida, que se arraste pelo chão como um verme, que seja execrado pela sociedade, taxado de covarde ou de mal pagador, pois não tinha recursos para pagar suas dívidas, mas que permaneça vivo.

A doutrina de Jesus é contrária a toda e qualquer violência e não há violência maior do que aquela que é cometida contra seu próprio corpo, aniquilando-o.

A esse respeito podemos ler em *O Evangelho segundo o Espiritismo* a seguinte advertência:

> Se quiserdes um cilício, aplicai-o à vossa alma e não ao vosso corpo; mortificai o vosso espírito e não a vossa carne; fustigai o vosso orgulho; recebei as humilhações sem vos queixardes; machucai vosso amor próprio; insensibilizai-vos para a dor da injúria e da calúnia, mais pungente que a dor física. Eis aí o verdadeiro cilício, cujas feridas vos serão contadas, porque atestarão a vossa coragem e a vossa submissão à vontade de Deus.
>
> ***ESE*, capítulo V.**

Portanto, antes de traçar um malfadado plano de extermínio que lhe comprometerá por séculos, às vezes, perante as leis divinas, faça um esforço supremo na tentativa de orar pedindo ajuda e inspiração a Deus sobre a decisão daquele momento. Com certeza a resposta celeste virá em velocidade estonteante, a tempo de deter a loucura que tentava domínio sobre sua alma. Volte os olhos para cima, balbucie, soletre, grite, implore aos céus, ao Senhor que prometeu alívio aos aflitos e sobrecarregados e imediatamente o ânimo se fará e a coragem assumirá as rédeas da razão.

Sondemos as consequências do suicídio grafadas no coração da codificação espírita, situada na questão 957 de *O Livro dos Espíritos*:

> 957. Quais, em geral, com relação ao estado do espírito, as consequências do suicídio?
>
> – Muito diversas são as consequências do suicídio. Não há penas determinadas e, em todos os casos, correspondem sempre às causas que o produziram. Há, porém, uma consequência a que o suicida não pode escapar; é o desapontamento. Mas, a sorte não é a mesma para todos; depende das circunstâncias. Alguns expiam a falta imediatamente, outros em nova existência, que será pior do que aquela cujo curso interromperam.
>
> A.K.: A observação, realmente, mostra que os efeitos do suicídio não são idênticos. Alguns há, porém, comuns a todos os casos de morte violenta e que são a consequência da interrupção brusca da vida. Há primeiro, a persistência mais prolongada e tenaz do laço que une o espírito ao corpo, por estar quase sempre esse laço na plenitude da sua força no momento em que é partido, ao passo que, no caso de morte natural, ele se enfraquece gradualmente e muitas vezes se desfaz antes que a vida se haja extinguido completamente.
>
> As consequências deste estado de coisas são o prolongamento da perturbação espiritual, seguindo-se à ilusão em que, durante mais ou me-

nos tempo, o espírito se conserva de que ainda pertence ao número dos vivos.

A afinidade que permanece entre o espírito e o corpo produz nalguns suicidas, uma espécie de repercussão do estado do corpo no espírito, que, assim, a seu mau grado, sente os efeitos da decomposição, donde lhe resulta uma sensação cheia de angústias e de horror, estado esse que também pode durar pelo tempo que devia durar a vida que sofreu interrupção. Não é geral este efeito; mas, em caso algum, o suicida fica isento das consequências da sua falta de coragem e, cedo ou tarde, expia, de um modo ou de outro, a culpa em que incorreu.

Assim é que certos espíritos, que foram muito desgraçados na Terra, disseram ter-se suicidado na existência precedente e submetido voluntariamente a novas provas, para tentarem suportá-las com mais resignação. Em alguns, verifica-se uma espécie de ligação à matéria, de que inutilmente procuram desembaraçar-se, a fim de voarem para mundos melhores, cujo acesso, porém, se lhes conserva interdito. A maior parte deles sofre o pesar de haver feito uma coisa inútil, pois que só decepções encontram.

A religião, a moral, todas as filosofias condenam o suicídio como contrário às leis da Natureza. Todas nos dizem, em princípio, que ninguém tem o direito de abreviar voluntariamente a vida. Entretanto, por que não se tem esse direito? Por

> que não é livre o homem de pôr termo aos seus sofrimentos? Ao espiritismo estava reservado demonstrar, pelo exemplo dos que sucumbiram, que o suicídio não é uma falta, somente por constituir infração de uma lei moral, consideração de pouco peso para certos indivíduos, mas também um ato estúpido, pois que nada ganha quem o pratica, antes o contrário é o que se dá, como no-lo ensinam, não a teoria, porém os fatos que ele nos põe sob as vistas.

Consideramos como a melhor obra que descreve pormenorizadamente o suicídio, seus efeitos, tratamento, dentre outros detalhes, o livro *Memórias de um suicida*, de autoria já citada e que será utilizado muito frequentemente nessa pesquisa, como ocorre neste momento, ocasião em que dele nos servimos para relatar as dores e consequências de tão desesperado gesto:

> A fome, a sede, o frio enregelador, a fadiga, a insônia; exigências físicas martirizantes, fáceis de o leitor entrever; a natureza como que aguçada em todos os seus desejos e apetites, qual se ainda trouxéssemos o envoltório carnal; a promiscuidade, muito vexatória, de espíritos que foram homens e dos que animaram corpos femininos; tempestades constantes, inundações mesmo, a lama, o fétido, as sombras perenes, a desesperança de nos vermos livres de tantos martírios sobrepostos, o supremo desconforto físico e moral

> – eis o panorama por assim dizer "material" que emoldurava os nossos ainda mais pungentes padecimentos morais!

Sobre as impressões que o suicida sente após o seu ato insano:

> Pouco a pouco, senti ressuscitando das sombras confusas em que mergulhei meu pobre espírito, após a queda do corpo físico, o atributo máximo que a Paternidade Divina impôs sobre aqueles que, no decorrer dos milênios, deverão refletir Sua imagem e semelhança; – a Consciência! A Memória! O divino dom de pensar!
>
> Senti-me enregelar de frio. Tiritava! Impressão incômoda, de que vestes de gelo se me apegavam ao corpo, provocou-me inavaliável mal-estar. Faltava-me, ao demais, o ar para o livre mecanismo dos pulmões, o que me levou a crer que, uma vez que eu me desejara furtar à vida, era a morte que se aproximava com seu cortejo de sintomas dilacerantes.
>
> [...] Passei a reunir ideias, mau grado meu. Revi minha vida em retrospecto, até a infância, e sem mesmo omitir o drama do último ato, programação extra sob minha inteira responsabilidade. Sentindo-me vivo, averiguei, consequentemente, que o ferimento que em mim mesmo fizera, tentando matar-me, fora insuficiente, aumentando assim os já tão grandes sofrimentos

que desde longo tempo me vinham perseguindo a existência.

Supus-me preso a um leito de hospital ou em minha própria casa. Mas a impossibilidade de reconhecer o local, pois nada via; os incômodos que me afligiam, a solidão que me rodeava, entraram a me angustiar profundamente, enquanto lúgubres pressentimentos me avisavam de que acontecimentos irremediáveis se haviam confirmado. Bradei por meus familiares, por amigos que eu conhecia afeiçoados bastante para me acompanharem em momentos críticos.

O mais surpreendente silêncio continuou enervando-me. Indaguei mal-humorado por enfermeiros, por médicos que possivelmente me atenderiam, dado que me não encontrasse em minha residência e sim retido em algum hospital; por serviçais, criados, fosse quem fosse, que me obsequiar pudessem, abrindo as janelas do aposento onde me supunha recolhido, a fim de que correntes de ar purificado me reconfortassem os pulmões; que me favorecessem coberturas quentes, acendessem a lareira para amenizar a gelidez que me entorpecia os membros, providenciando bálsamo às dores que me supliciavam o organismo, e alimento, e água, porque eu tinha fome e tinha sede!

Com espanto, em vez das respostas amistosas por que tanto suspirava, e que minha audição distinguiu, passadas algumas horas, foi um vozerio ensurdecedor, que, indeciso e longínquo a princípio, como a destacar-se de um pesadelo, definiu-se gradativamente até positivar-se em pormenores concludentes. Era um coro sinistro, de muitas vozes confundidas em atropelos, desnorteadas, como aconteceria numa assembleia de loucos.

[...] A covardia - a mesma hidra que me atraíra para o abismo em que agora me convulsionava - alongou ainda mais seus tentáculos insaciáveis e colheu-me irremediavelmente! Esqueci-me de que era homem, ainda uma segunda vez! E que cumpria lutar para tentar vitória, fosse a que preço fosse de sofrimento! Reduzi-me por isso à miséria do vencido! E, considerando insolúvel a situação, entreguei-me às lágrimas e chorei angustiosamente, ignorando o que tentar para meu socorro. Mas, enquanto me desfazia em prantos, o coro de loucos, sempre o mesmo, trágico, funéreo, regular como o pêndulo de um relógio, acompanhava-me com singular similitude, atraindo-me como se emanado de irresistíveis afinidades... Insisti no desejo de me furtar à terrível audição.

Após esforços desesperados, levantei-me. Meu corpo enregelado, os músculos retesados por entorpecimento geral, dificultavam-me sobremodo o intento. Todavia, levantei-me. Ao fazê-lo, porém, cheiro penetrante de sangue e vísceras putrefatos reacendeu em torno, repugnando-me até às náuseas. Partia do local exato em que eu estivera dormindo. Não compreendia como poderia cheirar tão desagradavelmente o leito onde me achava. Para mim seria o mesmo que me acolhia todas as noites! E, no entanto, que de odores fétidos me surpreendiam agora! Atribui o fato ao ferimento que fizera na intenção de matar-me, a fim de explicar-me de algum modo a estranha aflição, ao sangue que corria, manchando-me as vestes.

Realmente! Eu me encontrava empastado de peçonha, como um lodo asqueroso que dessorasse de meu próprio corpo, empapando incomodativamente a indumentária que usava, pois, com surpresa, surpreendi-me trajando cerimoniosamente, não obstante retido num leito de dor. Mas, ao mesmo tempo que assim me apresentava satisfações, confundia-me na interrogação de como poderia assim ser, visto não ser cabível que um simples ferimento, mesmo a quantidade de sangue espargido, pudesse tresandar a tanta podridão, sem que meus amigos e enfermeiros deixassem de providenciar a devida higienização.

Inquieto, tateei na escuridão com o intuito de encontrar a porta de saída que me era habitual, já que todos me abandonavam em hora tão crítica. Tropecei, porém, em dado momento, num montão de destroços e, instintivamente, curvei-me para o chão, a examinar o que assim me interceptava os passos. Então, repentinamente, a loucura irremediável apoderou-se de minhas faculdades e entrei a gritar e uivar qual demônio enfurecido, respondendo na mesma dramática tonalidade à macabra sinfonia cujo coro de vozes não cessava de perseguir minha audição, em intermitências de angustiante expectativa.

O montão de escombros era nada menos do que a terra de uma cova recentemente fechada!

Não sei como, estando cego, pude entrever, em meio as sombras que me rodeavam, o que existia em torno!

Eu me encontrava num cemitério! Os túmulos, com suas tristes cruzes em mármore branco ou madeira negra, ladeando imagens sugestivas de anjos pensativos, alinhavam-se na imobilidade majestosa do drama em que figuravam.

A confusão cresceu: - Por que me encontraria ali? Como viera, pois nenhuma lembrança me acorria?... E o que viera fazer sozinho, ferido, dolorido, extenuado?... Era verdade que "tentara" o suicídio, mas... Sussurro macabro, qual sugestão irremovível da Consciência esclarecendo a memória aturdida pelo ineditismo presenciado, percutiu estrondosamente pelos recôncavos alarmados do meu ser:

"Não quiseste o suicídio?... Pois aí o tens..." Mas, como assim?... Como poderia ser... se eu não morrera?!... Acaso não me sentia ali vivo?... Por que então sozinho, imerso na solidão tétrica da morada dos mortos?!...

Os fatos irremediáveis, porém, impõem-se aos homens como aos espíritos com majestosa naturalidade. Não concluíra ainda minhas ingênuas e dramáticas interrogações, e vejo-me, a mim próprio! como à frente de um espelho, morto, estirado num ataúde, em franco estado de decomposição, morto dentro de uma sepultura, justamente aquela sobre a qual acabava de tropeçar!

Aflito, insofrido, alucinado, absorvido meu ser pelas ondas de agoirantes amarguras, em parte alguma encontrava possibilidade de estabilizar-me a fim de lograr conforto e alívio! Faltava-me alguma coisa irremediável, sentia-me incompleto! Eu perdera algo que me deixava assim, entonteado, e essa "coisa" que eu perdera, parte de mim mesmo, atraía-me para o local em que se encontrava, com as irresistíveis forças de um ímã, chamava-me imperiosa, irremediavelmente! E era tal a atração que sobre mim exercia, tal o vácuo que em mim produzira esse irreparável acontecimento, tão profunda a afinidade, verdadeiramente vital, que a essa "coisa" me unia - que, não sendo possível, de forma alguma, fixar-me em nenhum local para que me voltasse, tornei ao sítio tenebroso de onde viera: - o cemitério!

Essa "coisa", cuja falta assim me enlouquecia, era o meu próprio corpo - o meu cadáver! - apodrecendo na escuridão de um túmulo!

Joanna de Ângelis em seu livro *Após a tempestade*, psicografado por Divaldo Pereira Franco, nos fala sobre as consequências físicas quando o espírito volta a reencarnar com seus registros perispirituais constando as reparações que deverá suportar:

- Aqueles que esfacelam o crânio: idiotia, surdez ou mudez conforme a parte do cérebro afetada.

- Afogados - enfisema pulmonar.

- Enforcamento - reaparecem muitas vezes paraplégicos.

- Tiros no coração - cardiopatias congênitas irreversíveis.

- Usuários de drogas/álcool ou venenos - deformações congênitas, úlceras gástricas e cânceres.

Capítulo de redação dramática, mas de conteúdo real e fiel à realidade encontrada pelo suicida ao adentrar o túmulo. Aqui só nos resta pedir a Deus piedade, misericórdia para tão sofrida e enganadora fuga. A lucidez nos diz que ninguém foge de si mesmo. Que a vida devolve tudo aquilo que a ela oferecemos. O descrito é a devolução da agressão cometida contra a vida, maior patrimônio que alguém possui e que jamais poderá ser dilapidado sem severas consequências. Que Deus nos guie a fim de que jamais venhamos a tropeçar em ideia tão funesta.

O SUICÍDIO PELO MUNDO

07

O SUICÍDIO VEM se tornando uma tendência negativa e rotineira às pessoas que se deparam com problemas que para elas são insuportáveis ou irresolúveis. Ora, aprendemos no espiritismo duas premissas válidas para qualquer discussão quando o tema é a vida: não há dor que nunca termine e não há problema sem solução. Toda dor tem seu prazo de validade, geralmente, o término da rebeldia para com a lei. Todo problema tem solução, pois não encontrá-la no momento ou a carência dela, já é uma solução a ser acatada. Tudo depende da necessidade do espírito àquela hora. Solução não encontrada não indica inexistência dela. Sinaliza que a permanência do problema ainda é uma necessidade para a evolução do espírito naquele instante.

Com pesar, dizemos que o suicídio é um ato generalizado no mundo. Dificilmente iremos encontrar um país no qual ele não esteja presente na figura daqueles espíritos que perdem a fé e a coragem de se sobrepor às adversidades. Casos tristes como os encontrados no Japão, país de educação esmerada e de gente honesta, trabalhadora, mas de uma cobrança exacerbada sobre a eficiência e a competência que julgam ser apanágio de cada indivíduo. Ensina o espiritismo que cada indivíduo se encontra em determinado degrau evolutivo, sendo e possuindo todos, determinado nível de conhecimento, fortaleza e de moral.

Como uniformizar o nível de aprendizagem exigindo o mesmo aproveitamento, se todos possuem capacidades diferentes diante da aprendizagem? Logicamente, diante do ensinamento, cada um responderá segundo sua capacidade de apreensão, o que lhe permitir entendimento daquilo que lhe for exposto. Forçar rendimento igual de quem é diferente, não nos parece uma boa pedagogia. Devemos tratar os diferentes de maneira diferente. Espiritualmente falando, em uma sala de aula há espíritos mais evoluídos moralmente e intelectualmente, mas há outros de história de vida deficitária, ex-suicidas, ex-drogados, ex-homicidas, fraudadores da lei de uma maneira geral, que trazem deficiências cognitivas, déficit de inteligência, dificuldades imensas na aprendizagem, contudo com aparências físicas saudáveis.

O problema desses alunos que não apresentam bom

rendimento está, portanto, na alma. Como a educação terrena ainda possui fortes traços materialistas, está centrada no cérebro e não na alma, não detecta tais deficiências. Essa clientela escolar que chegou no comboio do desespero com roupa de esperança, que soletra ao invés de ler, que tem vontade, mas falta competência, deve ser olhada com a visão da caridade.

Lembro da minha infância quando ouvi um homem falar que a caneta era mais forte do que a espada e fiquei queimando os neurônios para entender aquela charada. Tinha apenas seis anos. Não era um assunto da minha competência. O ensinamento estava adiante dos meus recursos. Alguns alunos japoneses devem se sentir aquém dos mistérios da ciência que lhes são apresentados. Sentem-se inadaptados à escola, não por ela ser angustiante, mas por ser ignorante de tais fatos. No Japão a volta às aulas no segundo semestre é marcada por tragédias: segundo dados do governo japonês, o dia 1º de setembro é historicamente o dia do ano em que o maior número de jovens com menos de 18 anos comete suicídio. De 1972 a 2013, mais de 18 mil crianças se suicidaram. Em média anual, foram 92 no dia 31 de agosto, 131, no dia 1º de setembro e outros 94, no dia 2. A volta às aulas em abril também marca um pico no número de mortes de crianças por suicídio.

E assim vale para o resto do mundo. Citei o Japão por ser um país onde o número de suicídios entre jovens é um dos maiores do mundo.

Vejamos este artigo mostrado pela BBC Brasil (2015).

> No ano passado, no Japão, mais de 25 mil

> pessoas cometeram suicídio. Isso dá uma média de 70 por dia. A maioria delas, homens. Estes números não representam a maior taxa de suicídio entre países desenvolvidos - o título ainda cabe à Coreia do Sul, com uma média anual de 28,9 suicídios por 100 mil habitantes. Mas estão muito acima de outras nações ricas. O índice japonês de 18,5 suicídios para cada 100 mil habitantes é, por exemplo, três vezes o registrado no Reino Unido (6,2) e 50% acima da taxa dos Estados Unidos (12,1), da Áustria (11,5) e da França (12,3).

Observemos as taxas de suicídios de alguns países, segundo a OMS, Organização Mundial da Saúde. Afirma esta entidade, que pelo menos uma pessoa se suicida no mundo a cada 40 segundos. O suicídio se tornou uma epidemia de proporções globais, sendo uma preocupação constante para vários países ao redor da Terra. Em um período em que a solidão amedronta os velhos, a incerteza neurotiza os jovens, o desemprego enche de ansiedade e de depressão os trabalhadores, há de se esperar um aumento no número de casos de autoextermínios. Registramos abaixo o ranking dos dez países onde o suicídio segue como rotina de fuga para os problemas angustiantes da população segundo a Organização Mundial de Saúde (OMS), em pesquisa de 2012.

1º Índia (258.075 suicídios)
2º China (120.730)
3º Estados Unidos (43.361)
4º Rússia (31.997)

5º Japão (29.442)
6º Coreia do Sul (17.908)
7º Paquistão (13.377)
8º Brasil (11.821)
9º Alemanha (10.745)
10º Bangladesh (10.167)

O Brasil apareceu em oitavo lugar no ranking de países com maiores casos de suicídio (11.821 casos, sendo mais de 9.000 desses, homens). Apesar de ser um número grandioso, se considerarmos o tamanho populacional do nosso país, notaremos que essa taxa corresponde à metade da média mundial. Então devemos levar em conta a taxa média brasileira (5,8 casos em cada 100 mil habitantes), que é metade da média mundial (11,4 a cada 100 mil pessoas). Estamos ainda muito abaixo de outros países da América do Sul. Como Argentina (10,3 casos em cada 100 mil habitantes), Bolívia e Chile (ambos com 12,2 casos em cada 100 mil habitantes), Uruguai (12,1 casos em cada 100 mil habitantes) e Equador (9,2 casos em cada 100 mil habitantes) (OMS).

Assim sendo, o Brasil encontra-se na 112ª posição nessa lista da OMS de média de suicídios.

Esse tipo de amostragem, talvez mais fiel como representação de mortes por suicídios em um país, é a classificação que toma como base os suicídios ocorridos em um grupo de 100 mil habitantes. Para ilustrar essa realidade mundial exibimos outra tabela seguindo o padrão citado:

1° Guiana (44,2 casos a cada 100 mil habitantes).
2° Coreia do Sul (28,9 casos a cada 100 mil habitantes)

3° Sri Lanka (28,8 casos a cada 100 mil habitantes)
4° Lituânia (28,2 casos a cada 100 mil habitantes)
5° Suriname (27,8 casos a cada 100 mil habitantes)
6° Moçambique (27,4 casos a cada 100 mil habitantes)
7°/8° Tanzânia (24,9 casos a cada 100 mil habitantes)
7°/8° Nepal (também com 24,9 casos a cada 100 mil habitantes)
9° Cazaquistão (23,8 casos a cada 100 mil habitantes)
10° Burundi (23,1 casos a cada 100 mil habitantes)

Como podemos observar por essa pequena amostragem o número de suicídios varia em cada país, e segundo a OMS deveríamos falar abertamente sobre este tema, e não escondê-lo sob o tapete na esperança de que ele diminua.

É preciso planejar estratégias de prevenção ao suicídio, de educação moral, apoio psicológico, valorização da vida, enfim. São necessárias campanhas educativas, tais como a *SETEMBRO AMARELO* que tem o dia 10 de setembro como dia Mundial de Prevenção ao Suicídio, conscientizando e convidando pessoas a se mobilizarem pela prevenção das mortes por suicídio com ênfase na valorização da vida. Atualmente apenas 28 países do mundo possuem tais planos preventivos.

Que cada indivíduo entenda que a vida é patrimônio divino, inalienável, intocável segundo o conceito científico, moral, religioso e ético. Entenda enfim, cada ser, que é imortal, para que se conscientize finalmente de que ninguém se mata, mas se condena à reconstrução de si próprio.

SUICÍDIO INVOLUNTÁRIO

08

CONSIDERAMOS SUICIDAS INVOLUNTÁRIOS aqueles que se matam aos poucos por maus-tratos aos seus corpos físicos, exaurindo-lhes as forças e a vitalidade com abusos resultantes de excessos de trabalho, uso de drogas, glutonaria, noites perdidas em baladas e similares. Aqui, como em tudo, temos que observar os motivos.

Se Kardec se excedeu em trabalho gastando seus fluidos vitais mais rapidamente do que o necessário foi por uma causa nobre, espalhar a luz da codificação no mundo. Se ele não trabalhasse no limite das forças, às vezes acima dele, talvez tivesse vivido na carne um pouco mais.

Julgamos que ao adentrar o mundo dos chamados mortos, na realidade bem vivos, ele não foi considerado um suicida involuntário devido à nobreza da causa que o impeliu a ultrapassar seus limites físicos. Diferentemente, André Luiz, quando médico encarnado na Terra, abusou de suas forças físicas em proveito de si próprio, de sua diversão e de seus exageros. Portanto, passou oito anos no umbral, tempo proporcional ao período no qual se antecipou de seu domicílio terreno motivado pelo desgaste inútil de forças sem finalidade construtiva para seu espírito.

> Quando André, após ser examinado por Henrique de Luna, escutou-o a dizer-lhe que lamentava tivesse "vindo pelo suicídio", André protestou: "Lutei mais de quarenta dias, na Casa de Saúde, tentando vencer a morte. Sofri duas operações graves, devido à oclusão intestinal..." O médico espiritual explicou-lhe então que a oclusão radicava-se em causas profundas. "Talvez o amigo não tenha ponderado bastante. O organismo espiritual apresenta em si mesmo a história completa das ações praticadas no mundo", explicou-lhe Henrique.
>
> ***Nosso Lar*, capítulo 4, pp. 31 e 32.**

> A oclusão - observou em seguida o facultativo - derivava de elementos cancerosos e estes, por sua vez, de algumas leviandades cometidas por André no campo da sífilis. A moléstia tal-

vez não assumisse características tão graves se seu procedimento mental no planeta estivesse enquadrado nos princípios da fraternidade e da temperança. Seu modo especial de agir, muita vez exasperado e sombrio, captara destruidoras vibrações nos que o rodeavam. A cólera é manancial de forças negativas para nós mesmos. A ausência de autodomínio, a inadvertência no trato com as pessoas, a quem muitas vezes ofendera sem refletir, conduziam-no com frequência à esfera dos seres doentes e inferiores. Foi isso que agravou o seu estado. Todo o aparelho gástrico fora destruído à custa de excessos de alimentação e de bebidas alcoólicas; a sífilis devorou-lhe energias essenciais; o suicídio era incontestável.

Nosso Lar, capítulo 4, pp. 32 e 33.

Allan Kardec indagando aos espíritos sobre as paixões que apressam o tempo de encarnação na Terra recebe a informação de que há suicídio moral.

52. Comete suicídio o homem que perece vítima de paixões que ele sabia lhe haviam de apressar o fim, porém a que já não podia resistir, por havê-las o hábito mudado em verdadeiras necessidades físicas?

É um suicídio moral. Não percebeis que, nesse caso, o homem é duplamente culpado? Há nele então falta de coragem e bestialidade, acrescidas do esquecimento de Deus.

> a) Será mais, ou menos, culpado do que o que tira a si mesmo a vida por desespero?
>
> *– É mais culpado, porque tem tempo de refletir sobre o seu suicídio. Naquele que o faz instantaneamente, há, muitas vezes, uma espécie de desvairamento, que alguma coisa tem da loucura. O outro será muito mais punido, por isso que as penas são proporcionadas sempre à consciência que o culpado tem das faltas que comete.*
>
> ***O Livro dos Espíritos.***

Muitos dos que se ausentam da Terra através do túmulo e não são bem recepcionados no Além se sentem injustiçados quando acusados por espíritos impiedosos que lhes partilham a companhia de suicidas. Rebatem essa acusação veementemente sem desconfiarem de que, realmente merecem esse título, por terem se excedido nas diversões fúteis, extrapolado nos bacanais, exagerado nos excessos de toda ordem. O uso de drogas, de medicamentos sem orientação médica, bebidas alcoólicas em excesso, promiscuidade sexual, alimentação exagerada ou inadequada, pensamentos destrutivos, negativos, pessimistas, orgulho, egoísmo, raiva, dentre outros procedimentos são portas abertas ao suicídio involuntário.

Não nos cansamos de advertir que o corpo humano é um empréstimo do qual devemos prestar contas pelos cuidados ou descuidos que cometemos para com ele. Não se deve jamais esquecer de que as doenças orgânicas interferem na estabilidade emocional e mental assim como as doenças do perispírito atingem o corpo físico através da somatização.

O mais lúcido é elevar o pensamento a Deus e nas horas de maior dificuldade lembrar de que tudo nesta vida passa. Não há dor eterna. De eterno só o bem. Cada experiência pela qual passamos são lições para nosso espírito. Mesmo nas piores dores há aprendizagem. Se Deus é justo, o que nos ocorre deve ser justo, pois sendo Ele onipresente e onisciente, não nos deixaria sofrer sem um motivo justo, tudo ocorrendo "bem debaixo do seu nariz".

Às vezes não vale a pena questionar a vida. Não conhecemos nosso passado longínquo. Se a cada um é dado segundo suas obras, pensemos que as nossas, praticadas recentemente ou alhures, estão devolvendo a fatura. O traidor de ontem é o traído de hoje; o assaltante de ontem é o assaltado de hoje, o milionário de ontem pode ser o miserável de hoje. Nem sempre isso é matemático, mas sempre é verdadeiro. Pega a cruz e segue, disse Jesus. Mas também afirmou: vinde a mim e te aliviarei.

A vida, amigo, é uma sinfonia divina. Nela há ritmo, harmonia, melodia e pausas. Procuremos dançar conforme a música; façamos o melhor que pudermos a cada passo. Bailemos sempre no compasso que Deus, o maestro divino, preparou sua apresentação. Cada partitura é única. A sua é essa. Jamais deixe o palco sem a música haver terminado. Não deixe a orquestra sentir-se inútil por falta de dançarino. Domine o salão, salte, rodopie, deslize, encante e encante-se com a música, porque Deus é o maestro e Ele quer sua vitória.

Respire, gesticule, faça o gancho nesse tango, a cruzada, o corte, a média vuelta e se tropeçar, se levante, pois a orquestra continuará tocando. Sorria, deixe a energia fluir e eletrizar a plateia e, se possível, mande um beijo para Deus, porque é assim que se vence a morte.

E para reflexão dos leitores ou amigos, pois assim os considero, um pequeno poema sobre o tema versado:

Suicídio involuntário

Não foram vistos no cenário onde ele foi encontrado
Cordas, sinais de estrangulamento, traços mecânicos
Mas após análise refinada do especialista chegou-se à seguinte conclusão:
Morreu asfixiado por palavras nunca pronunciadas
Perdão!
Fica!
Eu gosto de você!
Fui eu!
Você tem razão!
Te amo!
No coração, obstruindo a veia aorta, um dicionário inteiro com sinônimos de delicadeza
No cérebro, travando os hemisférios, um tratado sobre a tolerância.
Ambas as obras nunca haviam sido consultadas
Suicídio involuntário, diagnosticou o médico.

OS COMITÊS DOCE-MORTE

09

OS COMITÊS DOCE-MORTE foram criados na Europa com o objetivo de permitir a seus membros uma morte voluntária, decidida e programada e de colocar à disposição de interessados, meios farmacêuticos que lhes possibilitassem uma morte sem dor, como se a dor pudesse estar ausente de um fato tão angustiante como a despedida de tudo que amamos ou que foi amado na Terra.

Este simples argumento, o amor a que nos vinculamos, e que nos é ofertado generosamente e sem cobranças, seja de um filho, dos pais, de um amigo, dos mestres que cederam seu conhecimento, dos animais, da natureza..., enfim, de qualquer aspecto da vida, que julgamos não valer a pena, já nos seria valioso imaginar a dor dos que ficam, o abandono a que os condenamos, o não reconhecimento e valorização diante da alegria e do amor com os quais nos trataram, o fato de feri-los com a nossa fuga.

Vejamos como a ideia macabra foi se expandindo pela Europa e no mundo inteiro:

> De 11 a 14 de setembro de 1980, uma conferência internacional sobre "Eutanásia voluntária e suicídio" é organizada em Oxford a convite da associação inglesa Exit. Reúne delegados de cerca de vinte organizações vindas de quinze países diferentes, que decidiram agrupar-se em uma Federação Mundial de Associações pelo direito de morrer. Todas militam por uma reapropriação da morte pelos indivíduos, através de uma evolução das legislações e das mentalidades. Mas uma linha de divisão se estabelece a partir dessa questão central: deve-se ou não divulgar "receitas" de morte suave?

Como o objetivo desta obra é desconstruir a ideia do suicídio, não prolongaremos informações sobre como fortalecê-la, pois tais ideias são suscetíveis de grudarem em mentes frágeis. Nosso objetivo é divulgar ao máximo os efeitos de tão tresloucado gesto, cujos resultados maléficos se iniciam no instante do ato. Recorramos a Kardec nesse particular:

950. – Que pensar daquele que se mata, na esperança de chegar mais depressa a uma vida melhor?

– Outra loucura! Que faça o bem e mais certo estará de lá chegar, pois, matando-se, retarda a sua entrada num mundo melhor e terá que pedir lhe seja permitido voltar, para concluir a vida a que pôs termo sob o influxo de uma ideia falsa. Uma falta, seja qual for, jamais abre a ninguém o santuário dos eleitos.

O Livro dos Espíritos.

O QUE ACONTECE COM O ESPÍRITO SUICIDA?

Como podemos comprovar, no espiritismo não há uma fórmula única para julgar cada caso, em si diferente, pelas inúmeras variáveis a ele atreladas. Existem inúmeros fatores que podem levar a uma conclusão diferente para cada situação específica. Listarei aqui algumas possibilidades, as mais comumente citadas na literatura espírita e em reuniões mediúnicas.

Ao se suicidar, o espírito que pôs termo ao seu corpo físico, abaixa seu campo vibracional automaticamente, sendo a causa o crime cometido contra a si mesmo. Isso leva a inúmeras sensações de baixos níveis, podendo causar no espírito incríveis sentimentos de culpa, já que no mundo espiritual a consciência do ser tem voz muito mais ativa que no mundo corporal. Passa então o suicida a sofrer por muitos anos de uma culpa que corrói o seu psiquismo, de uma necessidade de autopunição que o leva à beira da loucura espiritual.

Existem casos nos quais o espírito fica de tal forma alucinado, que acaba sendo presa fácil de vampiros energéticos, espíritos sombrios que se aproveitam de desgraçados errantes em sofrimento para sugar-lhes as energias residuais pós-desencarnação.

Há também um lugar chamado vale dos suicidas, para onde esses espíritos, os suicidas, são atraídos energeticamente passando a sofrer a influência uns dos outros, aumentando assim o estado de aflição que em si já é enlouquecedor. Ao reencarnarem muitos suicidas vêm com os órgãos danificados pelo suicídio, marcados para uma expiação reparatória, sendo esta a causa de muitos defeitos congênitos e de deficiências no desempenho dos órgãos afetados pela trágica agressão do ontem.

(Adaptado de: *Espiritismo da alma*, página de conteúdo espírita cristão com base na doutrina codificada por Kardec.)

Doce morte é aquela que não é provocada nem antecipada, que chega e encontra o corpo que irá levar de passaporte pronto e de espírito semiliberto. Existe doce morte quando houve doce vida, ou seja, o espírito domiciliado na Terra foi um homem de bem, um amigo de Jesus, um defensor da justiça. Aqui na minha terra, o Ceará, se diz: rapadura é doce, mas não é mole. Assim também podemos classificar a morte. Provocada, ela pode ter aparência de doce, mas não é mole. Traz a dureza do sofrimento, a rudeza do desespero, o choro e o ranger de dentes do obrigatório resgate.

Peçamos a Deus força, ânimo e coragem para as tarefas do dia. Façamos nossa prece ao deitar agradecendo pela assistência recebida, sejamos justos, corretos em nossas ações e palavras. Não há um motivo sequer, em toda filosofia, para alguém se sentir maior ou menor que ninguém. Tentemos amar ao que os olhos alcançam e o amor, sem alarde e sem interrogação, se fará presente em qualquer caminho que ousarmos percorrer. Para frente e para o alto, passos lentos e seguros e, assim caminhando, de repente, eis as portas do paraíso.

LIDANDO COM A CRISE

10

COM A FINALIDADE de auxiliar nas crises que podem levar ao suicídio, na identificação dos suicidas potenciais e causas do suicídio, elaboramos subsídios para identificá-los, extraídos de manuais de psiquiatria e de sites da internet, tais como: Referência no auxílio à prevenção do suicídio nos Estados Unidos, a IASP – *International Association for Suicide Prevention*, que possui diversas publicações que orientam nesse sentido e a ONG Terapeutas Sem Fronteiras que oferece grátis serviços de apoio emocional e terapêutico.

Possíveis sinais indicativos de que uma pessoa planeja se matar:

- Fala sobre querer se matar ou diz que desejaria estar morta.
- Procura fórmulas de extermínio, tais como conhecimento sobre medicamentos letais ou compra de uma arma.
- Fala abertamente sobre um plano específico de suicídio.
- Diz não ter mais esperança nem alegria de viver.
- Mostra-se acuada, desesperada, como se estivesse precisando escapar de uma situação intolerável.
- Comenta ser um fardo pesado para os outros.
- Sente-se humilhada embora não discuta a causa.
- Demonstra intensa ansiedade e, às vezes, é vítima de ataques de pânico.
- Padece de insônia como se a perturbação lhe roubasse a paz.
- Torna-se socialmente isolada, foge dos amigos, da família e dos grupos sociais.
- Está constantemente irritada ou agitada.
- Demonstra raiva, ou fala de vingança.
- Coloca-se em posição de vítima ou de rejeitada, numa atitude bem real.
- Indivíduos que demonstrem tal comportamento devem ser observados por um profissional de saúde, como potenciais vítimas desse grande mal.

Adaptação do *Manual de Psiquiatria* por Philip Solomon e Vernon Patch.

Casos em que o risco de suicídio é muito alto:

- Ocorrência de tentativa anterior de suicídio, com intenção de morrer.
- Ansiedade, depressão, alcoolismo, quadro psicótico e estado de exaustão.
- Tentativa premeditada e ativamente preparada.
- Disponibilidade dos meios para o suicídio (métodos violentos e letais).
- Preocupação com o efeito do suicídio sobre os membros da família.
- Ideação suicida verbalizada.
- Preparação de um testamento ou cenas de despedida.
- Crise vital próxima, como luto, cirurgia iminente ou dissolução de um relacionamento amoroso.
- História familiar de suicídio.
- Mudanças de condições de saúde ou estado físico.
- Início ou cessação de medicação psicotrópica.
- Intoxicação por álcool ou droga.
- Melhora súbita do humor depressivo.
- Sentimento de desesperança.
- Família suicidogênica.
- Precaução para evitar intervenção, como isolamento ou minimização do risco de descoberta.
- Nenhuma ação para pedir socorro após o evento.
- Pessoa com remorso por sobreviver da tentativa.

Adaptação do *Manual de Psiquiatria* por Philip Solomon e Vernon Patch.

Abaixo seguem alguns *links* de organizações com informações que podem ajudar a evitar que jovens cometam suicídios (acesso em outubro de 2017):

- Movimento Setembro Amarelo, Dia mundial de Prevenção ao Suicídio - www.setembroamarelo.org.br/
- Educação Emocional - www.amigosdozippy.org.br/
- Associação Brasileira de Psiquiatria - www.abp.org.br/portal/
- Movimento Conte Comigo, Prevenção à Depressão - www.contecomigo.org.br
- Rede Brasileira de Prevenção ao Suicídio - www.rebraps.com.br/
- Transtornos mentais e dependência química - www.franciscajulia.org.br/
- Centro Voluntariado de São Paulo - www.centrovoluntariado.org.br

Organizações Internacionais:

- Sociedade Portuguesa de Suicidologia - www.spsuicidologia.pt/
- Samaritanos de Londres - www.samaritans.org/
- Befrienders Worldwide - www.befrienders.org/

- Associação Americana de Suicidologia - www.suicidology.org/
- Associação Canadense para a Prevenção do Suicídio - www.casp-acps.ca
- Telefono amigo-Itália - www.telefonoamigo.org/
- Voz de apoio - Portugal - www.vozdeapoio.pt/
- Telefone de Esperança - Portugal - www.telefonedaesperanca.pt/

O CVV - Centro de Valorização da Vida realiza apoio emocional e prevenção do suicídio, atendendo voluntária e gratuitamente todas as pessoas que querem e precisam conversar, sob total sigilo por telefone, e-mail, chat e Skype 24 horas todos os dias. Para obter ajuda basta telefonar para o número 141.

11

VOCÊ SABE COMO AJUDAR UMA PESSOA SOB RISCO DE SUICÍDIO?

INFORMAÇÕES EXTRAÍDAS DO manual *Prevenção do Suicídio – Manual dirigido a profissionais das equipes de saúde mental* (http://bvsms.saude.gov.br/bvs/publicacoes/manual_editoracao.pdf, acessado em outubro de 2017) elaborado pelo Ministério da Saúde, Organização Pan-Americana da Saúde e Universidade Estadual de Campinas:

Nenhuma atitude movida pela indiferença ajuda a pessoa sob risco de suicídio. O contato inicial é muito importante. Frequentemente, ele ocorre numa clínica, casa ou espaço público, onde pode ser difícil ter uma conversa particular.

1. O primeiro passo é achar um lugar adequado, onde uma conversa tranquila possa ser mantida com privacidade razoável.
2. O próximo passo é reservar o tempo necessário. Pessoas com ideação suicida usualmente necessitam de mais tempo para deixar de se achar um fardo. É preciso também estar disponível emocionalmente para lhes dar atenção.
3. A tarefa mais importante é ouvi-las efetivamente. Conseguir esse contato e ouvir é por si só o maior passo para reduzir o nível de desespero suicida. O objetivo é preencher uma lacuna criada pela desconfiança, pelo desespero e pela perda de esperança e dar à pessoa a esperança de que as coisas podem mudar para melhor.

Veja agora como você deve se comunicar:

1. Ouvir atentamente, com calma.
2. Entender os sentimentos da pessoa (empatia).
3. Dar mensagens não verbais de aceitação e respeito.
4. Expressar respeito pelas opiniões e pelos valores da pessoa.
5. Conversar honestamente e com autenticidade.

6. Mostrar sua preocupação, seu cuidado e sua afeição.
7. Focalizar nos sentimentos da pessoa.

Saiba o que NÃO fazer ao se comunicar para não agravar a situação:

1. Interromper muito frequentemente o diálogo.
2. Ficar chocado ou muito emocionado com o que escuta.
3. Dizer que você está ocupado.
4. Fazer o problema parecer trivial.
5. Tratar o paciente de uma maneira que possa colocá-lo numa posição de inferioridade ou de constrangimento.
6. Dizer simplesmente que tudo vai ficar bem.
7. Fazer perguntas indiscretas.

Informações extraídas e adaptadas de: *Prevenção do suicídio: um manual para profissionais da saúde em atenção primária* - Organização Mundial da Saúde. Genebra, 2000.

TESTEMUNHOS E ADVERTÊNCIAS

12

INICIO ESTE TEXTO com o pensamento de Humberto de Campos, literato brasileiro de estimado valor, que ao desencarnar tornou-se um cronista no mundo espiritual enviando para a Terra valiosos ensinamentos pelas abençoadas mãos de Chico Xavier. Humberto de Campos nos fala do treino para a morte, algo que praticamos no cotidiano sem nos apercebermos de que a cada minuto escorrido na ampulheta que nos marca a permanência na Terra nos é subtraído uma fração de tempo, irrecuperável quanto ao aspecto material, mas plenamente factível de frutificação quando a consciência desperta para o fato de que cada minuto de vida, encurta a distância para a chegada ao porto da morte. Resulta disso uma maior valorização e entendimento do tempo, o que implicará em uma melhor escala de prioridades e uma melhor regência e vivência dos eventos que o tempo restante trará.

Julgamos, às vezes, que o suicídio é tema distante ou desvinculado da nossa vida por não o praticarmos ostensivamente em situações de desespero. Mas é lúcido lembrar que muitos de nós se suicidam pouco a pouco através de ações nocivas à saúde e ao meio no qual nos abrigamos. Os atos de rebeldia, as agressões verbais ou físicas, a indisciplina mental e emocional, os desregramentos tidos como normais pela sociedade, o orgulho exacerbado, o egoísmo rotineiro, as reclamações indevidas e um número volumoso de procedimentos inadequados e distantes da gratidão e do amor que deveríamos cultivar para com a vida são pequenos suicídios que cometemos sem sequer percebermos.

Tais atos, ao atraírem vibrações negativas, vão encharcando o perispírito de fluidos densos, qual camada de piche, que acabam por desaguar no corpo físico, pois empurrados por aquele na tentativa de limpar-se, tem na somatização o procedimento natural. O corpo físico na busca de harmonização procura eliminar tais fluidos densos na forma de úlceras, gastrites, síndromes variadas, geralmente sem uma causa aparente.

Outro ponto a comentar é sobre os silêncios com os quais substituímos a exteriorização de sentimentos, motivados por timidez, medo, vergonha. É costume ouvir-

-se o seguinte comentário: morreu engasgado pelas palavras que não disse. Quantas vezes queremos dizer: fui eu! Perdão, adeus, preciso de você, eu sou capaz, você tem razão, eu gosto de você, te amo, mas silenciamos e esse silêncio vai nos matando aos poucos?

Eu tinha muita dificuldade com as palavras faladas, mas minha neta, a Luiza, que hoje tem 14 anos, sempre me dizia ao encontrar-me: "vô, te amo", tão naturalmente e delicadamente, que eu ficava pensando: como ela pode fazer isso de maneira tão simples? Então um domingo em que estava muito feliz, respondi: também te amo. Então passei a dizer: beijos! Abraços, no final dos recados em papel, no face, no WhatsApp e notei que não me causava incômodo algum. Passei a abraçar e a beijar pessoas que se relacionam comigo. Algumas nunca respondem a esse gesto carinhoso. Acredito que talvez ainda estejam no estágio no qual eu me encontrava antes das lições da Luiza.

O que tem isso a ver com o suicídio? Gestos de carinho salvam vidas!

Carl Sagan, astrofísico e escritor americano, em seu livro *Bilhões e bilhões*, narra uma pequena história real que o tornava vigilante quanto a estes aspectos relacionados à impermanência ou a fluidez dos acontecimentos:

> O mundo é tão refinado, com tanto amor e profundidade moral, que não há razão para nos enganarmos com histórias bonitas, para as quais não há muitas evidências. A meu ver, em nossa vulnerabilidade é muito melhor encarar

> a morte de frente e agradecer todos os dias pela oportunidade breve, mas magnífica que a vida a nós concede.
>
> Durante anos, perto do meu espelho de barbear, por isso o vejo todas as manhãs, mantive um cartão postal emoldurado. No verso lê-se uma mensagem escrita a lápis para um certo Sr. James Day de Swansea Valley, País de Gales. Diz ela: Caro amigo, apenas uma linha para dizer que estou vivo e levando a vida que pedi a Deus. É uma festa!

Dizia o escritor que esse senhor James, em estado febril de felicidade, havia enviado esse cartão para um amigo e no dia seguinte faleceu no naufrágio do Titanic, navio no qual viajava e do qual enviara o cartão postal. Sagan o guardava em local de fácil visualização para lembrar da impermanência da vida, o quanto a festa pode durar pouco e o quanto é imperioso não adiarmos nada para o incerto amanhã. Portanto, se está com saudades, diga. Se quer abraçar, abrace. Se ama, revele seu amor ainda hoje, porque a festa pode ser breve e a vida que você acha que pediu a Deus pode encerrar bruscamente.

Eis o texto de Humberto de Campos sobre o *Treino para a morte*.

> Preocupado com a sobrevivência além-túmulo, você pergunta, espantado, como deveria ser levado a efeito o treinamento de um homem para as surpresas da morte.

A indagação é curiosa e, realmente, dá o que pensar.

Creia, contudo, que, por enquanto, não é muito fácil preparar, tecnicamente, um companheiro à frente da peregrinação infalível.

Os turistas que procedem da Ásia ou da Europa habilitam futuros viajantes com eficiência, por lhes não faltarem os termos analógicos necessários. Mas nós, desencarnados, esbarramos com obstáculos quase intransponíveis.

A rigor, a religião deve orientar as realizações do espírito, assim como a ciência dirige todos os assuntos pertinentes à vida material. Entretanto, a religião, até certo ponto, permanece jungida ao superficialismo do sacerdócio, sem tocar a profundez da alma.

Importa considerar, também, que a sua consulta, ao invés de ser encaminhada a grandes teólogos da Terra, hoje domiciliados na Espiritualidade, foi endereçado justamente a mim, pobre noticiarista sem méritos para tratar de semelhante inquirição.

Pode acreditar que, não obstante, achar-me aqui de novo, há quase vinte anos de contato, sinto-me ainda no assombro de um xavante, repentinamente trazido da selva mato-grossense para alguma de nossas Universidades, com a obrigação de filiar-se, de inopino, aos mais elevados estudos e às mais complicadas disciplinas.

Em razão disso, não posso reportar-me senão ao meu próprio ponto de vista, com as deficiências do selvagem surpreendido junto à coroa da Civilização.

Preliminarmente, admito, deva referir-me aos nossos antigos maus hábitos. A cristalização deles aqui, é uma praga tiranizante.

Comece a renovação de seus costumes pelo prato de cada dia. Diminua gradativamente a volúpia de comer a carne dos animais. O cemitério na barriga é um tormento, depois da grande transição. O lombo de porco ou o bife de vitela, temperados com sal e pimenta, não nos situam muito longe dos nossos antepassados, os tamoios e os caiapós, que se devoraram uns aos outros.

Os excitantes largamente ingeridos constituem outra perigosa obsessão. Tenho visto muitas almas de origem aparentemente primorosa, dispostas a trocar o próprio Céu pelo uísque aristocrático ou pela nossa cachaça brasileira.

Tanto quanto lhe seja possível, evite os abusos do fumo. Infunde pena a angústia dos desencarnados amantes da nicotina.

Não se renda à tentação dos narcóticos. Por mais aflitivas pareçam as crises do estágio no corpo, aguente firme os golpes da luta. As vítimas da cocaína, da morfina e dos barbitúricos demoram-se largo tempo na cela escura da sede e da inércia.

E o sexo? Guarde muito cuidado na preservação do seu equilíbrio emotivo. Temos aqui muita gente boa carregando consigo o inferno rotulado de "amor".

Se você possui algum dinheiro ou detém alguma posse terrestre, não adie doações, caso esteja realmente inclinado a fazê-las. Grandes homens, que admirávamos no mundo pela habilidade e poder com que concretizavam importantes negócios, aparecem, junto de nós, em muitas ocasiões, à maneira de crianças desesperadas por não mais conseguirem manobrar os talões de cheque.

Em família, observe cautela com testamentos. As doenças fulminatórias chegam de assalto, e, se a sua papelada não estiver em ordem, você padecerá muitas humilhações, através de tribunais e cartórios. Sobretudo, não se apegue demasiado aos laços consanguíneos. Ame sua esposa, seus filhos e seus parentes com moderação, na certeza de que, um dia, você estará ausente deles e que, por isso mesmo, agirão quase sempre em desacordo com sua vontade, embora lhe respeitem a memória. Não se esqueça de que, no estado presente da educação terrestre, se alguns afeiçoados lhe registrarem a presença extraterrena depois dos funerais, na certa intimá-lo-ão a descer aos infernos, receando-lhe a volta inoportuna.

Se você possui o tesouro de uma fé religiosa, viva de acordo com os preceitos que abraça. É horrível a responsabilidade moral de quem já conhece o caminho, sem equilibrar-se dentro dele.

Faça o bem que puder, sem a preocupação de satisfazer a todos. Convença-se de que se você não experimenta simpatia por determinadas criaturas, há muita gente que suporta você com muito esforço. Por esta razão, em qualquer circunstância, conserve o seu nobre sorriso.

Trabalhe sempre, trabalhe sem cessar. O serviço é o melhor dissolvente de nossas mágoas.

Ajude-se, através do leal cumprimento de seus deveres.

Quanto ao mais, não se canse nem indague em excesso, porque, com mais tempo ou menos tempo, a morte lhe oferecerá o seu cartão de visita, impondo-lhe ao conhecimento tudo aquilo que, por agora, não lhe posso dizer.

Cartas e crônicas, **Francisco Cândido Xavier, Irmão X (espírito).**

Tolstói e o caso do suicida russo

Sempre que se fala em suicídio, lembramo-nos de um fato narrado pelo espírito Léon Tolstói, registrado no cap. II do livro *Ressurreição e vida,* psicografado pela médium Yvonne Pereira e editado pela FEB, no qual ele relata seu encontro, no mundo espiritual, com um espírito que também fora russo, em denso sofrimento causado por um suicídio por afogamento, com consequências terríveis para o lado de lá.

Tolstói inicia um diálogo fraterno com aquele enfermo espiritual e aqui apresentamos alguns fragmentos do depoimento ouvido:

> Fui um revel, que desertei da vida apavorado com as peripécias que me surpreenderam... Nasci e vivi em Nijni-Novgorod e aí também me precipitei no abismo de um suicídio cuja responsabilidade foi minha, unicamente minha!
>
> Chamei-me Dimitri Semenovitchi, em minha terra. E quando me reconheci vivo, pensante, inteligente, individualizado como dantes - porventura ainda mais individualizado do que antes do suicídio -, julguei-me presa de uma loucura insólita, loucura que desespera sem apagar o raciocínio!
>
> Eu não aceitava o homem dotado com uma alma imortal. Repelia, desde a juventude, a dogmatização ortodoxa da nossa Igreja russa, que falava da perpetuidade da alma humana em condições ilógicas, e terminara por duvidar até mesmo da existência de um Ser Supremo.
>
> Inconsolável, porém, ao verificar, depois, que as águas do Volga não foram capazes de protegerem o meu crime, dando-me o aniquilamento desejado; alucinado ante a intensidade dos desesperos e dos opróbrios que deparei aquém do túmulo, através dos canais do suicídio; desapontado frente à decepção de compreender que não lograra encontrar senão o fundo das águas, em vez do esquecimento esperado, pois ali permaneci durante

> muito tempo, atado ao corpo, que se consumia devorado pelos peixes; enraivecido ante o ludíbrio que me atingira com o suicídio; desamparado pela esperança e pela fé em minhas próprias possibilidades... Certa vez, não sei como, comecei a pensar em minha mãe, falecida bem antes do meu ato... Revi, em pensamento, oprimido de saudades, seu vulto grave e doce, indo e vindo entre os afazeres de nossa casa... Revi o seu semblante pensativo, os olhos sempre baixos, absorvidos de preocupações, o lenço de traços coloridos à cabeça... Relembrei os serões, junto da lareira, enquanto a nevada assolava as ruas impedindo-nos sair, as lições repetidas, todas as noites, sobre o nascimento de Jesus Cristo numa caverna de pastores, exemplificando a humildade, da morte na cruz, entre malfeitores, exemplificando o amor e o perdão, e ouvi-a novamente dizer para repetirmos:
>
> – Pai nosso, que estais nos Céus... Ave Maria, cheia de graça... Meu anjo da guarda, velai pelo nosso sono...

E, nesse momento, Tolstói vai narrando várias passagens do Evangelho citadas pela mãe daquele pobre espírito a ele quando criança. Ele cita que vai revivendo toda a sua infância banhada pelos ensinamentos sobre a vida de Jesus. Diz sentir, naquele momento, sua alma se render àquele manso e meigo pastor e ouvir a voz de sua mãe repetindo aquelas sublimes lições aos seus ouvidos, agora em meio ao seu sofrimento:

"- Vinde a mim, vós que sofreis, e eu vos aliviarei...".

"- Eu sou a luz do mundo, o que me segue não anda em trevas...".

E ele, emocionado, afirma:

> Então, meu amigo, a formosa luz da esperança norteou minhas forças debandadas pela descrença em Deus, fomentadora do suicídio. As frases de minha mãe se misturavam aos estertores do meu desespero, insistiam, perseveravam, firmavam-se em meu pensamento com a força das recordações, ecoavam em meu coração, em todo o meu desgraçado ser, dominando ânsias e aniquilando revoltas para conceder-me o equilíbrio necessário a rumos novos... Reequilibro-me agora, fortalecido para novas tentativas de progresso nas paisagens terrestres, as quais desonrei com uma vida irregular, que me precipitou no suicídio.
>
> Sim, meu caro amigo! Fazei-me o favor, quando possível, de dizer às mulheres que são mães, e que vivem ainda sobre a Terra, que não descurem de ensinar a sublime moral do Evangelho aos seus filhos pequeninos, no aconchego suave do lar. As sementes por elas lançadas naqueles corações iniciantes germinarão mais tarde ou mais cedo, revolvidas pelos labores ásperos do infortúnio ou do progresso, ainda mesmo se torturas consequentes de um suicídio os assinalem no mundo das almas sofredoras como maus

crentes que necessitarão repetir experiência dolorosa da vida terrestre, a que se desejaram furtar pelos engodos da violência suprema!

Por cinco dias

Mais de seis lustros passaram.

Francisco Teodoro, o industrial suicida, experimentara pavorosos suplícios nas trevas... Defrontado por crise financeira esmagadora, havia aniquilado a existência.

Tivera vida próspera. À custa de ingente esforço, construíra uma fábrica. Importando fios, conseguira tecer casimiras notáveis. E o trabalho se lhe desdobrava, promissor. Operários e máquinas eficientes, armazéns e lucros firmes.

Surgira, porém, a retração dos negócios.

Humilhavam-no cobranças e advertências, a lhe invadirem a casa. Frases vexatórias espancavam-lhe os ouvidos.

— Coronel Francisco, trago-lhe as promissórias vencidas.

— Sr. Francisco, nossa firma não pode esperar.

O capitão do serviço pedia mais tempo; apresentava desculpas; falava de novas esperanças e comentava as dificuldades de todos.

Meses passaram pesadamente.

Cartas vinagrosas chegavam-lhe à caixa postal.

Devia a credores diversos o montante de oitocentos contos de réis. A produção, abundante, descansava no depósito, sem compradores.

Procurava consolo na fé religiosa.

Por toda parte, lia e ouvia referências à Divina Bondade. Deus não desampara as criaturas — pensava. Ainda assim, tentava a oração, sem abandonar a tensão. E porque alguém o ameaçava de escândalos na imprensa, com protestos públicos, em que seria indicado por negociante desonesto, escreveu pequena carta, anunciando-se insolvável, e disparou um tiro no crânio.

Com imenso pesar, descobriu que a vida continuava, carregando, em zonas sombrias de purgação, a cabeça em frangalhos…

Palavra alguma na Terra conseguiria descrever-lhe o martírio. Sentia-se um louco encarcerado na gaiola do sofrimento. Depois de trinta anos, pôde recuperar-se, internando-se em casa de reajuste, reavendo afeições e reconhecendo amigos…

E agora que retornava à cidade que lhe fora ribalta ao desespero, notava, surpreendido, o progresso enorme da fábrica que lhe saíra das mãos. Embora invisível aos olhos físicos dos velhos companheiros de luta, abraçou, chorando de alegria, os filhos e os netos reunidos no trabalho vitorioso.

E após reconhecer o seu próprio retrato, reverenciado pelos descendentes no grande escritório, veio a saber que acontecimento importante sucedera cinco dias depois dos funerais em que a família lhe pranteara o gesto terrível.

À face da alteração na balança comercial do País, ante a grande guerra de 1914, o estoque de casimiras, que acumulara zelosamente, produziu importância que superou de muito a quatro mil contos de réis.

Mostrando melancólico sorriso, o visitante espiritual compreendeu, então, que a Bondade de Deus não falhara.

Ele apenas não soubera esperar...

***Ideias e ilustrações*, Francisco Cândido Xavier, Hilário Silva (espírito).**

Ante o suicídio (Emmanuel)

Se a ideia do suicídio alguma vez te visita o pensamento, reflete no infortúnio de alguém que haja tentado inutilmente destruir a si mesmo, quando pela própria imortalidade, está claramente incapaz de morrer.

Na hipótese de haver arremessado um projétil sobre si, ingerido esse ou aquele veneno, recusado a vida pelo enforcamento ou procurado extinguir as próprias forças orgânicas por outros meios, indubitavelmente arrastará consigo as consequências desse ato, a se lhe configurarem no próprio ser, na forma dos chamados complexos de culpa. Entendendo-se que a morte do corpo denso é semelhante a um sono profundo, de que a pessoa ressurgirá sempre, é natural que esse alguém penetre no Mundo Maior, na condição de vítima de si mesmo.

Não nos é lícito esquecer que os suicidas, na Espiritualidade, não são órfãos da Misericórdia Divina, e, por isso mesmo, inúmeros benfeitores lhes propiciam o socorro possível.

Entretanto, benfeitor algum consegue eximi-los, de imediato, do tratamento de recuperação que, na maioria das vezes, lhes custará longo tempo.

Amigo, **Francisco Cândido Xavier, Emmanuel (espírito).**

Vezeiro no suicídio

Certa feita, Chico Xavier tentava consolar uma mãe em desespero que lhe dizia sob severa angústia: meu filho nasceu surdo, mudo, cego e sem os dois braços. Agora está com uma doença nas pernas e os médicos querem amputar as duas para salvar a vida dele.

Chico pensava em uma resposta, quando ouviu a voz de Emmanuel:

> Explique à nossa irmã que esse nosso irmão em seus braços suicidou-se nas últimas dez encarnações e pediu, antes de nascer, que lhe fos-

> sem retiradas todas as possibilidades de se matar novamente. Agora que está aproximadamente com cinco anos de idade procura um rio ou um precipício para se atirar. Avise que os médicos estão com a razão. As duas pernas dele serão amputadas em seu próprio benefício.

Afeiçoemo-nos à vida. A vida é o mais alto investimento de Deus na criação. Devemos venerá-la, cuidá-la, louvá-la sem pieguismo ou fanatismo. A vida é tudo que de mais belo existe no Universo. Nada está fora dela, pois até o amor, para se manifestar depende dela. Antes de ofendê-la pense: sou vida!

13 SUICÍDIO E PERISPÍRITO

O PERISPÍRITO É o instrumento de manifestação do espírito no mundo espiritual, como o corpo físico é o instrumento de manifestação do espírito no mundo material. É, portanto, o perispírito, o corpo que reveste o espírito depois da morte. O suicídio, invariavelmente, danifica o perispírito em algum aspecto, particularmente no órgão ou órgãos afetados pelo brutal gesto.

Um tiro na cabeça, no coração, o aperto da corda na garganta, a queimação provocada pelo veneno ingerido, as chamas no corpo atiradas por quem o incendiou, a sensação de queda naquele que se atirou de um prédio, o esfacelamento de quem se atirou sobre os trilhos de um trem na hora da passagem do comboio, irá imediatamente comprometer o perispírito, registrando de maneira indelével, como tatuagem macabra, os efeitos do gesto tresloucado a que se condenou.

O quadro mais comum apresentado nas reuniões de desobsessão as quais dirijo são os esgares dos enforcados, o desespero provocado pela queda livre no espaço sem um ponto de chegada, a desesperança de sentir-se em meio às chamas, a queimação lancinante no aparelho digestório consumido pelo ácido ou veneno, o esfacelamento do crânio quando alvo de um projétil, a sufocação do afogamento, a loucura de tentar juntar os pedaços do corpo espalhados sobre a mesa, triturado que foi pelas ferragens de um trem, quadros que persistem mesmo após o ato haver se consumado, pois o momento atroz do suicídio fica gravado, melhor dizendo, pirogravado, nas entranhas do suicida.

Acrescido aos ferimentos provocados pelo suicídio, que são localizados em órgãos específicos conforme o método de aniquilamento utilizado, as sensações de fome, sede, frio, pavor, necessidades fisiológicas, quais se encarnado estivesse o espírito, persistem e se intensificam pelo desespero de não prever um ponto final para a agonia. Peçamos esclarecimentos a Camilo Castelo Branco, na tão citada obra neste volume, *Memórias de um suicida* a fim de ouvir de suas experiências uma descrição mais realista e detalhada:

> Cada um de nós, no Vale Sinistro, vibrando violentamente e retendo com as forças mentais o momento atroz em que nos suicidamos, criávamos os cenários e respectivas cenas que vivêramos em nossos derradeiros momentos de homens terrestres. Tais cenas, refletidas ao redor de cada um, levavam a confusão à localidade, espalhavam tragédia e inferno por toda a parte, seviciando de aflições superlativas os desgraçados prisioneiros. Assim era que se deparavam, aqui e ali, forcas erguidas, baloiçando o corpo do próprio suicida, que evocava a hora em que se precipitara na morte voluntária. Veículos variados, assim como comboios fumegantes e rápidos, colhiam e trituravam, sob suas rodas, míseros tresloucados que buscaram matar o próprio corpo por esse meio execrável, os quais, agora, com a mente "impregnada" do momento sinistro, retratavam sem cessar o episódio, pondo à visão dos companheiros afins suas hediondas recordações.

Sabe-se, no entanto, que o sofrimento do suicida não acaba com o aniquilamento do corpo físico. Logo que consegue momentos de lucidez alienada, pois lucidez seleta exclui a obsessão, as necessidades de autopunição e o domínio da culpa, ele enfrenta legiões de espíritos trevosos ávidos de restos de fluidos vitais, famélicos de energia que os abasteçam e dispostos a escravizarem o desgraçado nos mais vis processos de obsessão aplicados aos descuidados que lhes sintonizam. Voltemos à descrição de Camilo:

> [...] Espíritos de ínfima classe do Invisível - obsessores que pululam por todas as camadas inferiores, tanto da Terra como do Além; os mesmos que haviam alimentado em nossas mentes as sugestões para o suicídio, divertindo-se com nossas angústias, prevaleciam-se da situação anormal para a qual resvaláramos, a fim de convencer-nos de que eram juízes que nos deveriam julgar e castigar, apresentando-se às nossas faculdades conturbadas pelo sofrimento como seres fantásticos, fantasmas impressionantes e trágicos.
>
> Inventavam cenas satânicas, com que nos supliciavam. Submetiam-nos a vexames indescritíveis! Obrigavam-nos a torpezas e deboches, violentando-nos a compactuar de suas infames obscenidades! Donzelas que se haviam suicidado, desculpando-se com motivos de amor, esquecidas de que o vero amor é paciente, virtuoso e obediente a Deus; olvidando, no egoísmo passional de que deram provas, o amor sacrossanto de uma mãe que ficara inconsolável; desrespeitando as cãs veneráveis de um pai - o qual jamais esqueceria o golpe em seu coração vibrado pela filha ingrata que preferiu a morte a continuar no tabernáculo do lar paterno, eram agora insultadas no seu coração e no seu pudor por essas entidades animalizadas e vis, que as faziam crer

> serem obrigadas a se escravizarem por serem eles os donos do império de trevas que escolheram em detrimento do lar que abandonaram!
>
> Em verdade, porém, tais entidades não passavam de espíritos que também foram homens, mas que viveram no crime: sensuais, alcoólatras, devassos, intrigantes, hipócritas, perjuros, traidores, sedutores, assassinos perversos, caluniadores, sátiros - enfim, essa falange maléfica que infelicita a sociedade terrena.

Eis um bom resumo da condição humilhante e degradante do suicida na erraticidade. Mil vezes o problema de antes, a dor cáustica da rejeição, do desgosto, da falência, da traição, do que a tortura sem tréguas e sem divisar um ponto final do agora. Preferível a execração de toda a sociedade pela covardia de não enfrentar um inimigo, a fome, a sede, a agonia atroz de uma doença incurável, mas em si, processo libertador do que o massacre, a anulação humana, a escravidão sem esperança de alforria. Mas existem ainda as consequências de longo prazo a se materializarem nas encarnações futuras.

Muitos suicidas necessitam de algumas experiências momentâneas na carne visando o contato físico com a mãe, ocasião em que ocorre uma rearrumação nas moléculas do perispírito do reencarnante por força da formação do novo corpo, cujo processo de nascimento funciona como agente modelador, refazendo estruturas antes trituradas, sendo esta a causa de muitas mortes prematuras.

O útero materno, qual santuário divino, laboratório sagrado, força as linhas desorganizadas daquele perispírito a se harmonizarem com a real forma humana, bordando em seu traçado nobre, o corpo em sua feição original. Isso se repete seguidas vezes até que o modelo esteja hábil para viver novamente a experiência na qual capitulou.

Mas as sequelas não se esgotam com esses relatos. É necessário tratar a mente do suicida para que seu corpo abandone o perfil maculado. Quem promove, em última instância, a modelação perispiritual é o próprio espírito que se mutilou. Por isso ele terá que se esforçar no domínio das formas afetadas, adquirir um respeito santificado pelo corpo outrora maltratado e encher-se de agradecimento ao Senhor da Vida, único a criá-la e a colocar-lhe um termo.

Como o espírito é o zelador do seu corpo, embelezando-o ou deformando-o com suas ações, vejamos como ele o afeta e o modela com seus pensamentos. Exemplo: no livro *Memórias de um suicida*, existe um personagem, Mário Sobral, homicida e suicida, que houvera estrangulado sua companheira. Após sofrimentos intensos no Vale dos Suicidas, ao ser recolhido e estar em tratamento, costumava comentar com os companheiros de infortúnio que seria preferível que Deus o tivesse feito nascer sem os braços do que tê-los e haver cometido um crime. Ele foi acolhendo essa ideia, incorporando-a aos seus pensamentos como um argumento justo, transformando-a em uma cristalização que foi, aos poucos, modelando seu perispírito encurtando-lhe os braços. Ao reencarnar estava sem eles. Castigo de Deus? Claro que não! Ele próprio, com o poder modelador do seu pensamento, impôs a si o devido reajuste em seu destino.

André Luiz e sua equipe (este caso se encontra detalhado no livro *Nos domínios da mediunidade*) acompanham entidades que são levadas a um centro espírita, a fim de que sejam auxiliadas através de palavras e do auxílio magnético. Lá chegando encontra um homem com auto-obsessão oriunda de uma bofetada que dera no rosto do seu pai e que, posteriormente, ao perder um braço num acidente, considerava que fora a praga do pai, a causadora do que lhe ocorrera. Ora, seu pai lhe dissera: "o teu braço será transformado em galho seco... Maldito seja!". Então, este indivíduo, convicto de que fora a praga do pai que secara o braço, cristalizara essa ideia tão fortemente que, através do seu pensamento eivado de culpa, modelou e conservou aquela deformidade. Se um técnico consertasse o braço restituindo-lhe a anatomia natural sem tratar-lhe a mente, dela retirando a cristalização, terminado seu trabalho, este seria desfeito pela mente modeladora do enfermo. Por este motivo deve-se tratar em primeiro lugar a mente, dela retirando a cristalização que modela o efeito.

Essa sensação de culpa e de autopunição permanece no suicida dificultando o trabalho das equipes restauradoras. Conversando com um suicida por enforcamento ele me confessou que após cinco anos do resgate, mesmo em tratamento, sentia a corda a lhe apertar o pescoço. O técnico que o medicava dizia: você não tem mais a corda no pescoço! E mostrando sua imagem no espelho enfatizava: tudo está na sua mente. Procure retirar essa ideia de asfixia e o bloqueio a que se impõe desaparecerá de sua garganta. Ele ouvia, aceitava, sentia o ar fluir livre pelo aparelho respiratório, mas quando o técnico se afastava a corda voltava a sufocar seu pescoço.

Como podemos verificar através de vasta literatura e de sérias pesquisas, os danos que o suicídio causa a quem o comete são imensos, profundos e se prolongam, às vezes, por várias encarnações devido aos reflexos, traumas e cristalizações que causa. Os futuros corpos desses enfermos serão modelados segundo as avarias provocadas em cada detalhe dos corpos antigos. *Memórias de um suicida* é o livro ideal para exemplificar o que digo: analisemos os argumentos:

> Miniaturas de como ficariam seus corpos numa encarnação futura são mostradas a eles. As estátuas em tamanho normal representavam seus corpos aniquilados pelo suicídio. Vicente de Siqueira Fortes, reencarnado a 10 de outubro de 1868 deveria retornar ao Lar Espiritual aos 74 anos, ou seja, no ano de 1942. Suicidou-se na cidade do Rio de Janeiro, Brasil, no ano de 1897, atirando-se à frente de um comboio de estrada de ferro. Urge que reencarne com apenas 9 anos no plano espiritual. Renascerá enfermo, abalado por vibrações anormais. "Ele não possui, nem poderá adquirir percepções para a vida espiritual enquanto se encontrar nesse estado". "A reencarnação para Vicente é a medicação apropriada para

o caso! Reencarnado, continuará albergado em nosso Instituto".

Continuando a pesquisa em tão completo trabalho, retornemos a ele na descrição de Camilo, sobre o departamento responsável pela modelação de corpos:

> Das janelas, sugestivos primores de arquitetura, destacava-se o panorama vasto do Departamento com seus jardins suavemente coloridos à influência magnânima do azul do céu alcandorado pela luz do Sol, que, ali, espalhava os valores sadios do seu magnetismo, parecendo bênção inspiradora iluminando a mente dos artistas. Uma vez estudado aí o teor dos apontamentos provenientes do exterior, seguiam ordens para a seção de Modelagem, disposta na sala seguinte, no sentido de se esboçar o corpo futuro tal como as instruções determinavam, a saber:
>
> a) Mutilado desde o nascimento.
>
> b) Passível de o ser no decurso da existência, por enfermidade ou acidente.
>
> c) Passível de aquisição de doenças graves e incuráveis.
>
> d) Normais, o que indicaria, portanto, fatos decisivos na programação do carreiro a ser vivido pelo paciente, harmonizados ao feitio das expiações e testemunhos a cada caso, pois convém não esquecermos que muitos daqueles míseros albergados, nossos cômpares, reencarnariam

possivelmente em envoltórios físicos normais e até belos e sadios, por exigirem as suas novas experiências que assim fosse, avultando, em casos tais, lutas e sofrimentos irreparáveis, de ordem moral tão somente.

Ora, no gabinete seguinte viam-se também os esboços dos corpos primitivos, isto é, dos que o suicídio havia malbaratado, destruído antes da época normal, habilmente classificados da seguinte forma, em local apropriado, de fácil acesso ao observador, porque em pedestal conveniente, pois estes esboços eram como estátuas móveis, grandemente belas, dadas à perfeição e naturalidade que apresentavam, sugerindo a presença real do próprio envoltório já destruído:

a) O envoltório primitivo, tal como existiu e foi aniquilado pelo suicídio.

b) Ao lado, numa placa fosforescente, a descrição do estado em que se encontrava o mesmo envoltório na ocasião do sinistro, a saber:

c) Estado da saúde, volume das forças vitais, grau de vibrações, estado mental, grau de instrução social, ambiente em que viveu, data do nascimento, data da época normal que se deveria dar o trespasse e a extinção da força vital, data em que se verificou o suicídio, local do desastre, o gênero do mesmo, causas determinantes, nome do infrator com o órgão atingido pelo atentado, e cuja alteração motivara a extinção das fontes de vida localizadas no envoltório, era assinalado,

> no esboço, com lesão idêntica à que sofrera o corpo material.
>
> d) Casos especiais: afogamentos, trituração por esmagamento, queda. Reprodução plástica dos restos do envoltório, tal como o suicídio o reduziu. A impressionante perfeição desta última reprodução chocaria qualquer outro observador não esclarecido, como aqueles mestres, ou não dolorosamente experimentados como nós outros.

Nada escapa aos olhos atentos da lei. O suicida receberá nada mais, nada menos, do que aquilo que provocou a si mesmo, sendo justa a reparação pela qual deve passar. Todos esses sofrimentos oriundos de sua rebeldia para com a lei formarão em sua consciência uma espécie de reflexo condicionado que visa afastá-lo de qualquer ameaça projetada contra si próprio. Seu instinto de sobrevivência se fortalece com este procedimento e seu apego à vida é assegurado por uma espécie de gatilho a disparar diante de qualquer ameaça à sua sobrevivência. Deus, utilizando de sua pedagogia misericordiosa e sábia, faz retornar à vida o trânsfuga, o desertor, o filho pródigo, inserindo-o com todas as honras e méritos após a superação do drama no curso normal da vida. Assim é a lei: sábia e misericordiosa.

14 AUTORRETRATO DE UM SUICIDA NO ALÉM

PARA QUE FIQUE bem clara a situação vexatória do suicida no Além, rabiscamos aqui um esboço simples e verdadeiro de um autorretrato elaborado com as cores de Camilo Castelo Branco, escritor com grande poder de síntese e elegante estilo literário. Embarquemos com ele nesse mar encapelado, tomando Jesus como timoneiro do barco, posto que assim estaremos seguros:

1. É o homem um composto de tríplice natureza: - humana,

astral e espiritual, isto é; - matéria, fluido e essência. Esse composto poderá também ser traduzido em expressão mais concreta e popular, assimilável ao primeiro grau de observação: corpo carnal, corpo fluídico ou perispírito, e alma ou espírito, sendo que do último é que se irradiam vida, inteligência, sentimento, etc., etc. - centelha onde se verifica a essência divina e que no homem assinala a hereditariedade celeste! Desses três corpos, o primeiro é temporário, obedecendo apenas à necessidade das circunstâncias inalienáveis que contornam o seu possuidor, fadado à desorganização total por sua própria natureza putrescível, oriunda do limo primitivo: - é o de carne. O segundo é imortal e tende a progredir, desenvolver-se, aperfeiçoar-se através dos trabalhos incessantes nas lutas dos milênios: - é o fluídico; ao passo que o Espírito, eterno como a Origem da qual provém, luz imperecível que tende a rebrilhar sempre mais aformoseada até retratar em grau relativo o Fulgor Supremo que lhe forneceu a Vida, para glória do seu mesmo Criador - é a essência divina, imagem e semelhança - (que o será um dia) - do Todo-Poderoso Deus!

2. Vivendo na Terra, esse ser inteligente, que deverá evolver pela Eternidade, denomina-se homem! Sendo, portanto, o homem um espírito encarcerado num corpo de carne ou encarnado.
3. Um espírito volta várias vezes a tomar novo cor-

po carnal sobre a Terra, nasce várias vezes a fim de tornar a conviver nas sociedades terrenas, como homem, exatamente como ele é levado a trocar de roupa muitas vezes.

4. O suicida é um espírito criminoso, falido nos compromissos que tinha para com as Leis sábias, justas e imutáveis estabelecidas pelo Criador, e que se vê obrigado a repetir a experiência na Terra, tomando corpo novo, uma vez que destruiu aquele que a Lei lhe confiara para instrumento de auxílio na conquista do próprio aperfeiçoamento - depósito sagrado que ele antes deveria estimar e respeitar do que destruir, visto que lhe não assistiam direitos de faltar aos grandes compromissos da vida planetária, tomados antes do nascimento em presença da própria consciência e ante a Paternidade Divina, que lhe fornecera Vida e meios para tanto.
5. O espírito de um suicida voltará a novo corpo terreno em condições muito penosas de sofrimento, agravadas pelas resultantes do grande desequilíbrio que o desesperado gesto provocou no seu corpo astral, isto é, no perispírito.
6. A volta de um suicida a um novo corpo carnal é a lei. É lei inevitável, irrevogável! É expiação irremediável, à qual terá de se submeter voluntariamente ou não, porque a seu próprio benefício outro recurso não haverá senão a repetição do programa terreno que deixou de executar.
7. Sucumbindo ao suicídio o homem rejeita e des-

trói ensejo sagrado, facultado por lei, para a conquista de situações honrosas e dignificantes para a própria consciência, pois os sofrimentos, quando heroicamente suportados, dominados pela vontade soberana de vencer, são como esponja mágica a expungir da consciência culposa a caligem infamante, muitas vezes, de um passado criminoso, em anteriores etapas terrenas. Mas, se, em vez do heroísmo salvador, preferir o homem a fuga às labutas promissoras, valendo-se de um autoatentado que bem revelará a vasa de inferioridade que lhe infelicita o caráter, retardará o momento almejado para a satisfação dos mais caros desejos, visto que jamais se poderá destruir porque a fonte de sua Vida reside em seu espírito e este é indestrutível e eterno como o Foco Sagrado de que descendeu!

8. Na espiritualidade raramente o suicida permanecerá durante muito tempo. Descerá à reencarnação prestamente, tal seja o acervo das danosas consequências acarretadas, ou adiará o cumprimento daquela inalienável necessidade caso as circunstâncias atenuantes forneçam capacidade para o ingresso em cursos de aprendizado edificante que facilitarão as pelejas futuras a prol de sua mesma reabilitação.

9. O suicida é como que um clandestino da espiritualidade. As leis que regulam a harmonia do mundo invisível são contrariadas com sua presença em seus páramos antes da época deter-

minada e legal; e tolerados são e amparados e convenientemente encaminhados porque a excelência das mesmas, derramada do seio amoroso do Pai Altíssimo, estabeleceu que a todos os pecadores sejam incessantemente renovadas as oportunidades de corrigenda e reabilitação!

10. Renascendo em novo corpo carnal, remontará o suicida à programação de trabalhos e prélios diversos aos quais imaginou erradamente poder escapar pelos atalhos do suicídio; experimentará novamente tarefas, provações semelhantes ou absolutamente idênticas às que pretendera arredar; passará inevitavelmente pela tentação do mesmo suicídio, porque ele mesmo se colocou nessa difícil circunstância carreando para a reencarnação expiatória as amargas sequências do passado delituoso! À tal tentação, porém, poderá resistir, visto que na Espiritualidade foi devidamente esclarecido, preparado para essa resistência. Se contudo vier a falir por uma segunda vez - o que será improvável -, multiplicar-se-á sua responsabilidade, multiplicando-se, por isso mesmo, desastrosamente, as séries de sofrimentos e pelejas reabilitadoras, visto que é imortal!

11. O estado indefinível, de angústia inconsolável, de inquietação aflitiva e tristeza e insatisfações permanentes; as situações anormais que se decalcam e sucedem na alma, na mente e na vida de um suicida reencarnado, indescritíveis à compreensão humana e só assimiláveis por ele mes-

> mo, somente lhe permitirão o retorno à normalidade ao findar das causas que as provocaram, após existências expiatórias, testemunhos severos onde seus valores morais serão duramente comprovados, acompanhando-se de lágrimas ininterruptas, realizações nobilitantes, renúncias dolorosas de que se não poderá isentar... podendo tão dificultoso labor dele exigir a perseverança de um século de lutas, de dois séculos... talvez mais... tais sejam o grau dos próprios deméritos e as disposições para as refregas justas e inalienáveis!
>
> Tais deduções não nos deixavam, absolutamente, ilusões acerca do futuro que nos aguardava. Cedo, portanto, compreendemos que, na espinhosa atualidade que vivíamos, um roteiro único apresentava-se como recurso a possíveis suavizações em porvir cuja distância não podíamos prever: – submetermo-nos aos imperativos das leis que havíamos infringido, observarmos conselhos e orientações fornecidos por nossos amorosos mentores, deixando-nos educar e guiar ao sabor do seu alto critério, como ovelhas submissas e desejosas de encontrar o consolo supremo de um aprisco.
>
> *Memórias de um suicida,* **capítulo V.**

Esta é a real situação do suicida no Além. Amparado, mas sofrido, confiante, mas com medo da futura reencarnação, fortalecido pela equipe que o cuida, mas ansioso pelo resgate. Mas Deus, Pai de infinita misericórdia, o ampara em todos os cometimentos positivos, limpando o terreno onde ele deverá depositar suas sementes de recomeço. O suicida terá que replantar sua lavoura, mas Deus dá a gleba, aduba, retira ervas daninhas, manda a chuva, o Sol, posta-se vigilante contra as pragas... restando ao agricultor semear e colher. Não obstante tanto cuidado, manda médicos divinos, pastores de almas a fim de que advirtam e cuidem de seu imenso rebanho, administrando-lhe alívio e cura para suas enfermidades. Esse é o estilo divino.

15

GOETHE: SUICÍDIOS POR CAUSA DE SUA OBRA

AO ESCREVER *WERTHER*, em 1774, Johann Wolfgang Goethe (biografia no anexo) entrou na galeria do sucesso ao mesmo tempo em que deu início à prosa moderna na Alemanha. A língua alemã deve a ele muito da sua elegância e modernidade. *Werther* destacou-se como sendo uma das principais obras de Goethe devido seu caráter emotivo, seu apelo à alma com seus intrincados dramas interiores. É a história de um amor que invade todo o ser e não deixa espaço para a razão. É o sentimento sem rédeas, que toma por inteiro um coração transformando-o em abrigo de uma ideia fixa, uma cristalização sufocante, mas que fascina e não se permite desvios. O romance se espalhou pela Europa mostrando identificação com muitos leitores ávidos de dramas pungentes, confirmando e testemunhando o poder da literatura como manipulação das massas.

Sem dúvidas que Goethe não teve a intenção de estimular o suicídio, mas a "banalização da morte" adotada por alguns e a "glamourização" à prática suicida, através de uma inclinação voltada para os grandes heróis midiáticos que morreram da mesma forma trágica, influenciaram decisivamente para o nefasto desfecho.

A obra de Goethe, por seus efeitos letais tornou-se rapidamente maldita para a igreja. Na psicanálise criou-se um termo chamado *Efeito Werther*, em referência ao personagem que se deixara abater se autoimolando para fugir de uma situação para ele insuperável.

O cuidado que um escritor deve ter é o de não difundir ideias deprimentes, dando-lhes um valor positivo, com probabilidade de trazer benefícios quando na realidade induzem e auxiliam na instalação de estados depressivos e patológicos. A mensagem trazia em seu bojo a ideia nebulosa do suicídio e muitos recorreram a ele como fuga da realidade que lhes parecia dolorosa e imutável. Pessoas sem bases emocionais e religiosas sólidas, identificando-se com o personagem, largaram os sonhos, desistiram da coragem, abraçaram-se ao derrotismo e se foram para os sofrimentos gerados pelo suicídio.

Por esta razão, para aferir o grau de culpa ou de remorso no espírito do autor, decidiram evocá-lo em uma reunião particular na Sociedade Parisiense de Estudos Espíritas, realizada a 25 de março de 1856. Vejamos sua entrevista. Antes, a opinião das entidades venerandas que contribuíram na elaboração da codificação espírita.

> 954. - Uma imprudência que compromete a vida sem necessidade é repreensível?
>
> — Não há culpabilidade quando não há a intenção ou a consciência positiva de fazer o mal.

Como Goethe não teve a intenção de induzir ao suicídio qualquer pessoa, acreditamos que ele não foi responsabilizado pelas mortes dos leitores.

EVOCAÇÃO DE GOETHE

1. - Estou convosco.
2. - Qual a vossa situação como espírito: errante ou reencarnado?
   - Errante.
3. - Sois mais feliz do que quando vivo?
   - Sim, pois estou desvencilhado do corpo grosseiro e vejo o que não via antes.
4. - Parece-me que em vida não tínheis uma situação infeliz. Onde, pois, a superioridade de vossa situação atual?
   - Acabo de dizê-lo. Vós, adeptos do espiritismo, deveis compreender tal situação.

5. - Qual a vossa opinião atual sobre o Fausto?
- É uma obra que tinha por objetivo mostrar a vaidade e o vazio da ciência humana e, por outro lado, exaltar o sentimento do amor, naquilo que ele tinha de belo e de puro, e condená-lo no que tinha de imoral e de mau.

6. - Foi por uma espécie de intuição do espiritismo que descrevestes a influência dos maus espíritos sobre o homem? Como fostes levado a fazer uma tal descrição?
- Eu tinha a recordação quase exata de um mundo onde via exercer-se a influência dos espíritos sobre os seres materiais.

7. - Tínheis, então, a recordação de uma existência precedente?
- Sim, por certo.

8. - Poderíeis dizer se essa existência se passou na Terra?
- Não, porque aqui não se veem os espíritos agindo. Foi mesmo num outro mundo.

9. - Mas, então, já que podíeis ver os espíritos em ação, deveria ser um mundo superior à Terra. Como é que viestes depois para um mundo inferior? Caístes? Tende a bondade de explicar.
- Era um mundo superior até certo ponto, mas não como o entendeis. Nem todos os mundos têm a mesma organização, sem que, por isto, tenham uma grande superioridade. Além do mais, sabeis muito bem que entre vós eu cumpria uma missão que não podeis ignorar,

pois ainda representais as minhas obras. Não houve queda, desde que servi, e ainda sirvo para a vossa moralização. Eu aplicava aquilo que podia haver de superior naquele mundo precedente para melhorar as paixões dos meus heróis.

10. - Sim, vossas obras ainda são representadas. Agora mesmo o Fausto acaba de ser adaptado para ópera. Assististes à sua representação?

- Sim.

11. - Podeis dar-nos a vossa opinião sobre a maneira por que o sr. Gounod interpretou o vosso pensamento através da música?

- Gounod evocou-me sem o saber. Compreendeu-me muito bem. Como músico alemão eu não teria feito melhor. Talvez ele pense como músico francês.

12. - Que pensais do Werther?

- Agora lhe reprovo o desenlace.

13. - Não teria essa obra feito muito mal, exaltando paixões?

- Fez, e causou desgraças.

14. - Foi a causa de muitos suicídios. Sois por isso responsável?

- Desde que houve uma influência maléfica espalhada por mim, é exatamente por isso que sofro ainda e de que me arrependo.

15. - Parece-me que em vida tínheis grande antipatia pelos franceses. Ainda a tendes hoje?

- Sou muito patriota.

16. - Ainda vos ligais mais a um país do que a outro?
- Amo a Alemanha por seu pensamento e por seus costumes quase patriarcais.

17. - Quereis dar-nos a vossa opinião sobre Schiller?
- Somos irmãos pelo espírito e pelas missões. Schiller tinha uma grande e nobre alma, de que eram reflexos as suas obras. Fez menos mal do que eu. É-me superior, porque era mais simples e mais verdadeiro.

18. - Poderíeis dar-nos a vossa opinião sobre os poetas franceses em geral, comparando-os aos alemães? Não se trata de vão sentimento de curiosidade, mas de nossa instrução. Consideramos os vossos sentimentos muito elevados para nos privarmos de vos pedir imparcialidade, deixando de lado qualquer preconceito nacional.
- Sois curiosos, mas quero satisfazer-vos. Os franceses modernos escrevem muitas vezes belos poemas, mas empregam mais palavras bonitas do que boas ideias. Deveriam aplicar-se mais ao sentimento do que à mente. Falo em geral, mas faço exceções em favor de alguns: um grande poeta pobre, entre outros.

19. - Um nome é sussurrado na assembleia. É deste que falais?
- Pobre, ou que simula pobreza.

20. - Gostaríamos de obter uma vossa dissertação sobre assunto de vossa escolha, para nossa instrução. Teríeis a bondade de nos ditar alguma coisa?

- Fá-lo-ei mais tarde, por outros médiuns. Evocai-me em outra ocasião.

Revista Espírita, **junho de 1859, Allan Kardec.**

Fica o exemplo tanto para escritores quanto para leitores, de que a análise crítica, e o bom-senso devem permear suas ações. Cada vida tem suas peculiaridades e uma não pode ser tomada como paradigma de outra, a não ser pelos exemplos nobres, tais como se tenta fazer com relação a Jesus, nosso guia e modelo. O cuidado em divulgar uma ideia é altamente valioso devido ao turbilhão de imagens e ondas que espalham nossos pensamentos e atingem milhões de pessoas sem sequer percebermos.

A sintonia que nos liga em uma teia faz com que afetemos com nossas ações e pensamentos a todos que conosco estão ligados através da semelhança de desejos, vontades e ações. Um pensamento suicida que é liberado por uma mente invigilante vai, invariavelmente, atingir outras mentes, igualmente invigilantes, que o acolhem, vitalizam e o repassam, prolongando e materializando em gestos concretos a desgraça que, de pontual, transforma-se em regional.

Necessitando de seguir um modelo, que seja o sol de amor, o mestre amado, o pastor de nossas almas, o médico divino, caminho, verdade e vida, o senhor dos meus amores, Jesus de Nazaré. Escutemos seu chamado incessante e adotemos, o quanto pudermos suas lições, a fim de que a morte encomendada, o autocídio, seja uma impossibilidade em nossas vidas.

Que a poesia de suas lições imorredouras, a força de seus exemplos, o encanto dos seus gestos, o ânimo e a coragem que sua simples lembrança nos inspira sejam o escudo contra toda violência. Havendo que ler um livro e que imitar seu protagonista, que seja o evangelho de Jesus, luz sem fim, fonte viva de bênçãos e luzes, roteiro inigualável para o porto da felicidade. E que nunca nos faltem forças para tão acertada decisão.

EU VIM PARA QUE TODOS TENHAM VIDA

16

JESUS, O GRANDE incompreendido ainda hoje por extensa parcela da Humanidade, é o responsável direto pela vida no planeta. Espírito que já possui bilhões de anos de evolução, pois sendo o governador do planeta e responsável pela equipe que comandou a sua formação e ajustamento, desde a condição de massa informe à categoria de mundo, estabelecendo todos os parâmetros científicos necessários à sustentação e à habitabilidade, recebeu esta missão diretamente de Deus.

Tudo a esta recuada época esteve em suas mãos competentes e amorosas. Era preciso calcular a gravidade, as variações de temperatura, a pressão atmosférica, a instalação da camada de ozônio, a distância do sol, o contrapeso da lua, enfim, adotar milhares de providências físicas, químicas, biológicas, todas compatíveis com o tipo humano que deveria surgir no futuro e habitar a Terra.

Se a essa época, Jesus já era um espírito puro, um engenheiro sideral responsável pela criação de mundos, um dos anjos do conselho que preside a formação e sustentação de mundos, o que dizer de sua competência hoje? No mínimo, que ela é recheada de puro amor.

Mas quando o Mestre veio até nós com seu roteiro estabelecido, inclusive com sua morte já determinada, o fez para ter a certeza de que sua mensagem seria transmitida sem erros, pura como saída do pensamento divino. Por isso não mandou outros como fazia há séculos. Era necessário que nenhuma dúvida pairasse sobre seus ensinamentos, e para que estes ficassem eternamente gravados nos corações terrenos e no éter do planeta, ele não apenas citou, mas viveu integralmente cada lição ministrada.

Quase ninguém percebeu o momento sublime pelo qual o mundo passava. O governador de mundos, médico divino, pastor das almas estava ali, nivelado fisicamente a qualquer outro, mas a cegueira humana não permitia que o reconhecessem. A luz do mundo, o caminho, a verdade e a vida plena transitavam entre os pecadores, espalhava o aroma inconfundível do amor entre misérias e alegrias, mas os homens, ah! os homens estavam distraídos demais com suas posses e desejos insanos.

O senhor, o anjo de luz em visita fraterna ao lodo,

com sua misericórdia descomunal, deixou entranhado o seu amor em cada grão de areia da Terra. Converteu corações, curou cegos, libertou obsidiados, fez andar os paralíticos, ressuscitou os mortos, instalou o reinado do amor, deu seu sangue e sua vida por nós e como ato final de sua pedagogia divina, como último ensinamento de seu curso "como ser livre e feliz nesta terra", voltou do túmulo para provar a imortalidade da alma.

Seus ensinamentos foram iniciados em uma festa de casamento e terminaram com os braços abertos a uma ex-cortesã, agora discípula corajosa, cuidadora de leprosos. O evangelho de Jesus não é apologia ao sofrimento. Jesus passou o maior tempo da sua curta vida entre nós, amando, sorrindo, conversando, alegrando-se na carpintaria de seu pai, ensinando aos amigos e irmãos menores.

O evangelho de Jesus é um hino de amor à vida. Que isso fique claro em definitivo. Este capítulo traz as palavras e ensinamentos que Yvonne Pereira gostava de orar e proferir em sua leitura evangélica e suas preces pelos suicidas. Ela cultivava especial carinho pelo capítulo VI de *O Evangelho segundo o Espiritismo*, o Cristo consolador. Abaixo estão pequenos trechos escolhidos da obra de Jesus para serem lidos nesses momentos de misericórdia pelos suicidas.

> Vinde a mim, vós que sofreis e vos achais sobrecarregados, e eu vos aliviarei. Tomai sobre vós o meu jugo e aprendei comigo, que sou manso e humilde de coração, e achareis repouso para

vossas almas, pois o meu jugo é suave e o meu fardo é leve.

Mateus, 11:28-30.

Bem-aventurados os que choram e sofrem, porque serão consolados. Bem-aventurados os que têm fome e sede de justiça, porque serão saciados.

Mateus, 5-6.

Deus não quer a morte do pecador, mas que ele viva e se arrependa.

Ezequiel, 18:23.

Venho instruir e consolar os pobres deserdados. Venho dizer-lhes que elevem a sua resignação ao nível de suas provas, que chorem, porquanto a dor foi sagrada no Jardim das Oliveiras; mas que esperem, pois que também a eles os anjos consoladores lhes virão enxugar as lágrimas.

Vossas almas não estão esquecidas; eu, o Divino Jardineiro, as cultivo no silêncio dos vossos pensamentos.

***ESE*, capítulo VI, item 6.**

Deus consola os humildes e dá força aos aflitos que a pedem. Seu poder cobre a Terra e, por toda a parte, junto de cada lágrima colocou Ele um bálsamo que consola.

***ESE*, capítulo VI, item 8.**

Eu sou o grande médico das almas e venho trazer-vos o remédio que vos há de curar. Os fracos, os sofredores e os enfermos são os meus filhos prediletos. Venho salvá-los! Vinde, pois a mim, vós que sofreis e se achais oprimidos e eu vos consolarei.

***ESE*, capítulo VI, item 7.**

Eu vim para que todos tenham vida, e a tenham em abundância.

João, 10:10.

O filho de Deus veio buscar e salvar o que se havia perdido.

Lucas, 19:10.

Das ovelhas que meu pai me confiou, nenhuma se perderá.

Mateus, 18:10-14.

Eu venho para os pecadores, pois os sãos não necessitam de médicos.

Mateus, 9:12.

Jamais vos deixarei órfãos. Estarei convosco até a consumação dos séculos.

João, 14:18.

Acho justo incluir nesse celeiro de bênçãos e luzes o sermão do monte, o belíssimo poema e carta magna de alforria dos condenados terrenos.

> Bem-aventurados os pobres de espírito, porque deles é o Reino dos Céus! Bem-aventurados os que choram, porque serão consolados! Bem-aventurados os mansos, porque possuirão a Terra! Bem-aventurados os que têm fome e sede de justiça, porque serão saciados! Bem-aventurados os misericordiosos, porque alcançarão misericórdia! Bem-aventurados os puros de coração, porque verão a Deus! Bem-aventurados os pacíficos, porque serão chamados filhos de Deus! Bem-aventurados os que são perseguidos por causa da justiça, porque deles é o Reino dos Céus! Bem-aventurados sereis quando vos caluniarem, quando vos perseguirem e disserem falsamente todo o mal contra vós por causa de mim. Alegrai-vos e exultai, porque será grande a vossa recompensa nos céus, pois assim perseguiram os profetas que vieram antes de vós.
>
> **Mateus 5:1 - 11.**

Com tais palavras e com amor no coração um homem realiza feitos extraordinários. Se ele está doente recupera a saúde, se degenerado se regenera, se vontadoso de auxiliar torna-se um servidor, ou seja, aquele que entende o desejo e a missão de Jesus junto aos seus irmãos. Um construtor de misericórdia, um poeta da paz, um acendedor de luz nos corações sofridos e magoados.

17 A QUESTÃO DO MÉRITO

ESSA É UMA questão muito relevante em qualquer desencarnação. É baseado nela que a recepção do desencarnado no mundo espiritual pode ser acolhedora ou decepcionante para ele. Aqui não estão envolvidos rótulos doutrinários que nada valem nessa circunstância, pois ser espírita, católico, protestante ou budista em nada altera a soberania dessa lei. Ninguém perguntará, portanto, qual a sua religião, mas sim o bem que fez ou deixou de fazer.

Para bem entendermos essa questão do mérito convoquemos Blaise Pascal, em seu excelente texto *A verda-*

deira propriedade, inserido em *O Evangelho segundo o Espiritismo*.

> Ao viajante que chega a uma estalagem, se ele pode pagar, é dado um bom alojamento; ao que pode menos, é dado um pior; e ao que nada tem, é deixado ao relento. Assim acontece com o homem, quando chega ao mundo dos espíritos: sua posição depende de suas posses, com a diferença de que não pode pagar em ouro. Não se lhe perguntará: Quanto tínheis na Terra? Que posição ocupáveis? Éreis príncipe ou operário? Mas lhe será perguntado: O que trazeis? Não será computado o valor de seus bens, nem dos seus títulos, mas serão contadas as suas virtudes, e nesse cálculo o operário talvez seja considerado mais rico do que o príncipe.
>
> Em vão alegará o homem que, antes de partir, pagou em ouro a sua entrada no céu, pois terá como resposta: as posições daqui não são compradas, mas ganhas pela prática do bem; com o dinheiro podeis comprar terras, casas, palácios; mas aqui só valem as qualidades do coração. Sois rico dessas qualidades? Então, sejas bem-vindo, e teu é o primeiro lugar, onde todas as venturas vos esperam. Sois pobre? Ide para o último, onde sereis tratado na razão de vossas posses.
>
> ***ESE*, capítulo XVI.**

Como o texto é de uma clareza estelar estendamos

o tema, mérito, para os suicidas, buscando na literatura espírita exemplos que confirmem essa tese.

André Luiz, em seu livro, *Missionários da luz*, psicografia de Chico Xavier, cita-nos o caso de Raul, que havendo praticado o suicídio, dissimulando-o sob a farsa de um assassinato, ficou jogado sobre poça de sangue, quando um bando composto por dezenas de espíritos delinquentes, dele abusou, vampirizando-lhe os fluidos vitais, deslocando-o para outros sítios, efetuando-se o resgate quando as condições favoreciam o êxito da empreitada. Por sua vez, Bezerra de Menezes, no livro *Dramas da obsessão*, psicografia de Yvonne Pereira, narrando um caso de obsessão de desfecho suicida, descreve o local onde houvera dois suicídios, estando os dois espíritos ainda no local da tragédia. Um deles vagava a bradar por socorro, pois despedaçara o crânio com um tiro, e o outro permanecia desmaiado, em coma, devido ao choque brutal do envenenamento, ocorrido há mais de dez meses.

Já o louco que se mata, não sabe o que faz. Certamente dele não será cobrado o mesmo tratamento que o exigido de alguém lúcido, que com o poder de escolha determinou sua sentença. Cada pessoa tem sua história de vida, sua condição evolutiva, seus méritos e deméritos, o que nos autoriza dizer que não existe uma fórmula única para julgar o gesto malfadado de alguém. O mais correto é dizer que cada um será julgado segundo suas obras mais o acréscimo da misericórdia divina, sempre presente nas dores do mundo.

Dai a César o que é de César, ou seja, a cada um

seja dado o que lhe é devido, significa que não podemos tratar a todos igualmente como prega a doutrina do igualitarismo. Quando tratamos pessoas diferentes do mesmo modo, estamos cometendo injustiça com alguém. Por isso na questão do mérito estão sempre presentes o atenuante e o agravante. Aqui o contexto é analisado minuciosamente.

O homem que está sendo torturado para que se lhe arranque uma revelação que oculta, não suportando a dor pode se matar; prisioneiros de guerra tomavam cianureto para não revelarem segredos de sua pátria; um doente terminal em dor lancinante pode cair na tentação de abreviar a vida. São muitas as motivações para que alguém se mate e não nos cabe julgar, apenas lamentar que ainda exista na Terra acontecimento tão brutal.

As leis de Deus não julgam, inocentam ou condenam alguém, pois são impessoais. Os erros que cometemos são consequências da nossa incapacidade de gerir o destino naquele momento, pois Deus considera que em nossa pequenez somos mais ignorantes do que maus. Mas nossos erros nos levam a criar estratégias de superação que nos encaminham ao reequilíbrio. Por isso, pedagogicamente podemos considerar o erro como uma tentativa de acerto. Desse modo, cada um se corrige, uma vez que o julgamento se dá pela própria criatura, mediante as leis da consciência. Não há punição, mas autocorreção ou retificação. Nessa caminhada, os bons espíritos, quais experientes professores, em obediência e em sintonia com a misericórdia divina, incentivam os retardatários à prática do bem para que lhes sejam acrescentados méritos.

Vejamos como Emmanuel, em seu livro *Justiça divina*, psicografia de Chico Xavier, se reporta à lei do mérito.

> Se presumes que Deus cria seres privilegiados para incensar-lhe a grandeza, pensa na justiça, antes da adoração.
>
> Para isso, basta lembrar as circunstâncias constrangedoras em que desencarnaram quase todos os grandes vultos das Ciências, das Religiões e das Artes, que marcaram as ideias do mundo, nas linhas da emoção e da inteligência.
>
> Dante, exilado.
>
> Leonardo da Vinci, semiparalítico.
>
> Colombo, em desvalimento.
>
> Fernão de Magalhães, trucidado.
>
> Galileu, escarnecido.
>
> Behring, faminto.
>
> Lutero, perseguido.
>
> Calvino, endividado.
>
> Vicente de Paulo, paupérrimo.
>
> Spinoza, indigente.
>
> Milton, privado da visão.
>
> Lavoisier, guilhotinado.
>
> Beethoven, surdo.
>
> Mozart, em penúria extrema.
>
> Braille, tuberculoso.
>
> Lincoln, assassinado.

> Joule, inválido.
>
> Curie, esmagado sob as rodas de um carro.
>
> Lilienthal, num desastre de aviação.
>
> Pavlov, cego.
>
> Gandhi, varado a tiros.
>
> Gabriela Mistral, cancerosa.
>
> E se os gênios da altura de Hugo e Pasteur, Edison e Einstein, partiram da Terra menos dolorosamente, é forçoso reconhecer que passaram, entre os homens, também sofrendo e lutando, junto à bigorna do trabalho constante.
>
> Cada consciência é filha das próprias obras.
>
> Cada conquista é serviço de cada um.
>
> Deus não tem prerrogativas ou exceções.
>
> Toda glória tem preço.
>
> É a lei do mérito de que ninguém escapa.

Trabalhemos por nossa evolução espiritual no limite das forças a fim de que Deus, que a tudo assiste e a tudo abastece, nos torne plenos os caminhos que haveremos de percorrer. Que jamais percamos a coragem de amar, pois é na companhia do amor que haveremos de percorrer a extensa escadaria da evolução rumo às moradas felizes.

18 O REMÉDIO CONTRA O SUICÍDIO

PARA TODA ENFERMIDADE há um medicamento. Dizem mesmo os mais simples que Deus sempre coloca o remédio ao lado da doença. Esse assunto é de importância máxima, pois segundo Emmanuel em "Justiça Divina" - pág. 114, somos espíritos doentes em laboriosa restauração devido aos débitos contraídos no passado. Todos somos enfermos pedindo alta. Se a Terra é um grande hospital e todos que nela habitam são enfermos de alguma forma a necessidade de conhecer e de utilizar o medicamento para erradicar qualquer enfermidade deve ser a busca incessante de todos.

O coração humano precisa estar convicto de que:

> ...nem a morte, nem a vida, nem os anjos, nem os principados, nem o presente, nem o futuro, nem as potestades, nem a altura, nem a profundidade, nem qualquer outra criatura poderá separar-nos do amor de Deus manifestado em Jesus Cristo, nosso senhor.
>
> *Rom* 8, 38-39.

Ele é o salvador, aquele que veio revelar a constituição dos mundos felizes, aquele que é fiel, que tem a sabedoria e a dignidade para ser o mestre da humanidade terrena. Os homens têm muito medo do amor, por isso o crucificaram, recebendo do Mestre a reação mais natural desse sentimento, o perdão. Não mataram um homem, tentaram matar um sentimento que traz o selo da imortalidade, o amor. Este, enternecido com a ignorância humana ressuscitou e continuou sua trajetória natural, amar.

Matar e matar-se são ações que necessitam do amor para que sejam neutralizadas. Somente a doçura do amor é capaz de adocicar o travo da violência individual e coletiva do mundo. Somente o coração magnânimo do Governador desta terra, cofre abarrotado de amor, representando o amor que Deus cultiva por todos os seus filhos, será capaz de reverter a onda de suicídio que se espalha pelo mundo.

Está escrito que os mansos herdarão a Terra. Os mansos assim se tornam em obediência ao amor, pela compreensão de que somente este sentimento, soma de todos os demais, será capaz de conduzir os povos à felicidade.

Os caminhos e os encontros com esse tão belo anseio, o mais especial e valioso na raça humana, encontra-se grafado na vida e obra do Governador desta terra, o amado e amoroso mestre Jesus. Seus emissários em cumprimento às suas promessas de que jamais nos deixaria órfãos, nos trouxeram o consolador, a doutrina espírita, sol de primavera em nossas vidas. Em *O Evangelho segundo o Espiritismo,* obra escrita por um dos seus enviados, Allan Kardec, no capítulo XI, A lei de amor, temos um roteiro seguro para a erradicação dos males na Terra. Recorramos a ele, nesse desiderato:

> O amor é de essência divina. Desde o mais elevado até o mais humilde, todos vós possuís, no fundo do coração, a centelha desse fogo sagrado. É um fato que tendes podido constatar muitas vezes: o homem mais abjeto, o mais vil, o mais criminoso, tem por um ser ou um objeto qualquer uma afeição viva e ardente, à prova de todas as vicissitudes, atingindo frequentemente alturas sublimes.
>
> Disse por um ser ou um objeto qualquer, porque existem, entre vós, indivíduos que dispensam tesouros de amor, que lhes transbordam do coração, aos animais, às plantas, e até mesmo aos objetos materiais. Espécies de misantropos a se lamentarem da humanidade em geral, resistem

à tendência natural da alma, que busca em seu redor afeição e simpatia.

Rebaixam a lei do amor à condição do instinto. Mas, façam o que quiserem, não conseguirão sufocar o germe vivaz que Deus depositou em seus corações, no ato da criação. Esse germe se desenvolve e cresce com a moralidade e a inteligência, e embora frequentemente comprimido pelo egoísmo, é a fonte das santas e doces virtudes que constituem as afeições sinceras e duradouras que vos ajudam a transpor a rota escarpada e árida da existência humana.

Há algumas pessoas a quem repugna a prova da reencarnação, pela ideia de que outros participarão das simpatias afetivas de que são ciosas. Pobres irmãos! O vosso afeto vos torna egoísta. Vosso amor se restringe a um círculo estreito de parentes ou de amigos, e todos os demais vos são indiferentes. Pois bem: para praticar a lei do amor, como Deus a quer, é necessário que chegueis a amar, pouco a pouco, e indistintamente, a todos os vossos irmãos.

A tarefa é longa e difícil, mas será realizada. Deus o quer, e a lei do amor é o primeiro e o mais importante preceito da vossa nova doutrina, porque é ela que deve um dia matar o egoísmo, sob qualquer aspecto em que se apresente, pois além do egoísmo pessoal, há ainda o egoísmo de família, de casta, de nacionalidade. Jesus disse: "Amai ao vosso próximo como a vós mesmos"; ora, qual é o limite do próximo? Será a família, a seita, a nação? Não: é toda a humanidade! Nos mundos superiores, é o amor recíproco que harmoniza e dirige os espíritos adiantados que os habitam. E o vosso planeta, destinado a um progresso que se aproxima, para a sua transformação social, verá seus habitantes praticarem essa lei sublime, reflexo da própria Divindade.

Os efeitos da lei do amor são o aperfeiçoamento moral da raça humana e a felicidade durante a vida terrena. Os mais rebeldes e os mais viciosos deverão reformar-se, quando presenciarem os benefícios produzidos pela prática deste princípio: "Não façais aos outros os que não quereis que os outros vos façam, mas fazei, pelo contrário, todo o bem que puderdes".

Não acrediteis na esterilidade e no endurecimento do coração humano, que cederá, mesmo de malgrado, ao verdadeiro amor. Este é um ímã a que ele não poderá resistir, e o seu contato vivifica e fecunda os germes dessa virtude, que estão latentes em vossos corações. A Terra, morada de exílio e de provas, será então purificada por esse fogo sagrado, e nela se praticarão a caridade, a humildade, a paciência, a abnegação, a resignação, o sacrifício, todas essas virtudes filhas do amor. Não vos canseis, pois, de escutar as palavras de João Evangelista. Sabeis que, quando a doença e a velhice interromperam o curso de suas pregações, ele repetia apenas estas doces

> palavras: "Meus filhinhos, amai-vos uns aos outros!".
>
> Queridos irmãos, utilizai com proveito essas lições: sua prática é difícil, mas delas retira a alma imenso benefício. Crede-me, fazei o sublime esforço que vos peço: "Amai-vos", e vereis, muito em breve, a Terra modificada tornar-se um novo Eliseu, em que as almas dos justos virão gozar o merecido repouso.

O amor resume a doutrina de Jesus; é a voz do próprio Deus que através dela se expressa em todos os recantos do Universo. Ninguém consegue a ele subtrair-se, escondido ou à plena luz. O amor, qual sol imortal será bandeira e abrigo de todas as nações que a ele se entregarão para que sejam governadas sabiamente. Habitante dos mundos felizes onde ensina as regras de convivência, desce aos charcos na figura de benfeitores espirituais para higienizar os corações e as mentes, trazendo a felicidade, fruto da sua atuação. Voltemos ao Evangelho, na sua explicação sobre a lei do amor:

> Amar, no sentido profundo do termo, é ser leal, probo, consciencioso, para fazer aos outros aquilo que se deseja para si mesmo. É buscar em torno de si a razão íntima de todas as dores que acabrunham o próximo, para dar-lhes alívio. É encarar a grande família humana como a sua própria, porque essa família irá se reencontrar um dia em mundos mais adiantados, pois os es-

> píritos que a constituem são, como vós, filhos de Deus, marcados na fronte para se elevarem ao infinito. É por isso que não podeis recusar aos vossos irmãos aquilo que Deus vos deu com liberalidade, pois, de vossa parte, seríeis muito felizes se vossos irmãos vos dessem aquilo de que tendes necessidade. A todos os sofrimentos, dispensai, pois uma palavra de ajuda e de esperança, para vos fazerdes todo amor e todo justiça.

Todos sabemos que só há este caminho para a felicidade, o amor. Por que somos tão resistentes à sua chegada e tão hostis ao seu domínio? Por que lutamos tanto contra sua suave invasão a nossos corações, o trocamos pela agressividade para depois, cansados e exauridos, desejosos de emoções positivas a ele nos rendermos? Por que não temos em nossos corações, não a certeza, posto que ela lá se encontra sufocada por nosso orgulho, mas a humildade de reconhecer que fazemos parte de um projeto de amor, que estamos fadados a um enlace com ele, que ao final de tudo, de todas as guerras, ilusões, infantilidades, restarão apenas os braços abertos e acolhedores do amor?

Neste mundo material nada sobrevive além do amor. Onde você colocar os olhos, a morte já se fez ou segue seu curso demolidor. Tudo será levado para o esquecimento, inclusive, nosso corpo. Onde se encontram os grandes dominadores? César, Alexandre, Gengis Khan, Roma, Grécia antiga, Egito...

O tempo é gasto, a matéria se decompõe, as paisagens mudam, a água corre para o mar. Tudo passa, menos o amor, que é perene, imutável, incorruptível, carinhoso e casto. Se procuram um remédio contra o suicídio, o mais eficaz é o amor. Tão eficiente ele se mostra que onde toca, sara e vivifica e onde se hospeda nenhum mal floresce. Encerremos o capítulo sobre o amor, o medicamento salutar contra qualquer enfermidade e não apenas contra o suicídio, com as palavras de Gibran extraídas de seu livro *O profeta*.

> Então, disse Almitra, "nos fale do amor".
>
> E ele ergueu a cabeça e observou a multidão, e uma quietude recaiu sobre todos. Com uma voz forte, ele lhes disse:
>
> "Quando o amor lhes acenar, sigam-no. Embora seus caminhos sejam agrestes e escarpados. E quando suas asas lhe envolverem, aceitem-nas, embora a espada oculta em suas plumas possa lhes ferir. E quando ele lhes falar, acreditem no que diz, embora sua voz possa despedaçar os seus sonhos como o vento do norte devasta ao jardim.
>
> Assim como o amor os coroa, ele também os crucifica. E da mesma forma que auxilia em seu crescimento, trabalha também para a sua poda. E assim como ascende a sua altura e acaricia os seus ramos mais tenros que se agitam ao sol, também desce até suas raízes e as sacode em seu apego à terra. Como feixes de trigo, ele os aperta junto a si e os debulha para expor-lhes a nudez.

Ele os peneira para livrar-lhes das suas cascas. Ele os mói até a extrema brancura. Ele os amassa até que se tornem maleáveis. Então ele os encaminha ao fogo sagrado, para que possam se tornar o pão místico do banquete divino. Todas essas coisas o amor irá operar em seu interior para que conheçam os segredos de seus próprios corações, e através deste conhecimento se tornem um fragmento do coração da Vida.

Entretanto, se acaso em seu medo vocês buscarem apenas a paz e o prazer do amor, então será melhor que cubram a sua nudez e abandonem ao açoite do amor, para que deem risadas num mundo sem estações, mas nem todos os seus risos.

E chorar, mas nem todas as suas lágrimas.

O amor nada oferece além de si mesmo e nada recebe além de si mesmo.

O amor não possui, e tampouco pode ser possuído, pois o amor se basta em si mesmo.

Quando você ama não deveria dizer, "Deus está em meu coração", mas sim, "Eu estou no coração de Deus". E não pensem que podem direcionar o curso do amor, pois o amor, se lhes acharem dignos, determinará ele próprio o seu curso. O amor não tem outro desejo senão o de cumprir a si mesmo.

Entretanto, acaso em seu amor precisarem ter desejos, que sejam estes: de se diluírem e serem como um córrego que canta a sua melodia para a

> noitinha. De conhecerem a dor da extrema sensibilidade. De se ferirem por sua própria compreensão do amor e de sangrarem de boa vontade e com alegria. De acordarem na aurora com um coração alado e agradecerem por um novo dia de amor; de descansarem ao meio-dia e meditarem acerca do êxtase do amor; de retornarem para casa à tardinha com gratidão; e então, de adormecerem com uma prece para o amado em seus corações, e uma canção de louvor em seus lábios.

Que o Deus de amor, condutor do Universo, possa direcionar intensamente seu olhar compassivo e misericordioso sobre este pontinho azulado e perdido na vastidão do cosmo e elevá-lo à categoria de mundo pacificado, no mínimo de tempo necessário para tal desfecho. É o nosso sonho e desejo.

ESPIRITISMO: O ANTÍDOTO

19

O ESPIRITISMO, NA condição de consolador prometido por Jesus, é o antídoto para todo mal existente na Terra. Não sendo uma religião organizada por homens, mas por venerandas entidades desencarnadas, auxiliares de Jesus, dele receberam a missão de trazer novos ensinamentos no campo das virtudes e de relembrar aqueles que já estavam esquecidos pelos homens modernos. Elas que possuem maior visão das reais necessidades do ser humano, organizaram um roteiro seguro, capaz de levar com estabilidade o aprendiz ao lado do Mestre, o mesmo que comandou seu retorno através da presença grafada, de seu evangelho redivivo, da carta de alforria dos mundos sombrios, constituição dos mundos felizes, a doutrina espírita.

A doutrina espírita não nega o sofrimento, não o incentiva, analisa-o como consequência dos equívocos de cada um. Através da reencarnação, lei natural e universal, única teoria capaz de explicar com lógica e racionalidade as desigualdades terrenas, a justiça e a misericórdia divinas, engastada aos princípios básicos da doutrina, quais sejam a existência de Deus, a imortalidade da alma, a pluralidade dos mundos habitados, a comunicabilidade dos espíritos, explica e justifica toda tragédia e toda virtude humana.

O consolador prometido, agora cumprido, pois está entre nós, o espiritismo, alicerce da religiosidade no planeta, já é agora e o será muito mais no futuro através da fé raciocinada, o higienizador do planeta, o libertador do espírito do jugo da matéria, o modelo de religião que unirá definitivamente a criatura ao seu Criador. Vejamos em *O Evangelho segundo o Espiritismo*, um pouco dessa argumentação:

> O espírita tem, portanto, para opor à ideia do suicídio, muitas razões: a certeza de uma vida futura, na qual ele sabe que será tanto mais feliz quanto mais infeliz e mais resignado tiver sido na Terra; a certeza de que, abreviando sua vida, chega a um resultado inteiramente contrário ao que esperava; que foge de um mal para cair noutro ainda pior, mais demorado e mais terrível; que se

> engana ao pensar que, ao se matar, irá mais depressa para o céu; que o suicídio é um obstáculo à reunião, no outro mundo, com as pessoas de sua afeição, que lá espera encontrar. De tudo isso resulta que o suicídio, só lhe oferecendo decepções, é contrário aos seus próprios interesses. Por isso, o número de suicídios que o espiritismo impede é considerável, e podemos concluir que, quando todos forem espíritas, não haverá mais suicídios conscientes. Comparando, pois os resultados das doutrinas materialistas e espírita, sob o ponto de vista do suicídio, vemos que a lógica de uma conduz a ele, enquanto a lógica de outra o evita, o que é confirmado pela experiência.
>
> ***ESE*, capítulo V.**

O espiritismo não utiliza de retórica ou de metáforas para explicar seus postulados. Fala claro, joga limpo, adverte com veemência e caridade a todos quantos optam pelos caminhos aparentemente fáceis, mas sem a ética cristã, que apenas estão adiando a felicidade, devido ao recomeço obrigatório de cada passo em falso que foi dado. Ao mostrar um Deus justo e misericordioso, incentivar uma fé raciocinada, confiar toda sua força na transformação moral do homem, prepará-lo para superar obstáculos, afirmando-lhe ser um deus, dá-lhe uma força moral e uma resistência nas adversidades que dificilmente ele se sente derrotado em qualquer situação. Continuemos no capítulo V, de *O Evangelho segundo o Espiritismo:*

> A propagação das ideias materialistas é, portanto, o veneno que inocula em muitos a ideia do suicídio, e os que se fazem seus apóstolos assumem uma terrível responsabilidade. Com o espiritismo, a dúvida não sendo mais permitida, modifica-se a visão da vida. O crente sabe que a vida se prolonga indefinidamente para além do túmulo, mas em condições inteiramente novas. Daí a paciência e a resignação, que muito naturalmente afastam a ideia do suicídio. Daí, numa palavra, a *coragem moral*.
>
> ***ESE*, capítulo V.**

Algumas religiões não preparam para o sofrimento nem para a felicidade. São artificiais, voltadas para o culto exterior, preocupadas com paramentos e aspectos secundários, quando deveriam ter como centro o espírito e sua transformação visando a aquisição da luz. O espiritismo nos ensina a não pensar como homens, mas como espíritos imortais que somos, pois Deus é Pai de espíritos e não de corpos perecíveis. Ao aconselhar a prática da caridade e da humildade, torna-nos iguais na condição de filhos de Deus, mas diferentes no mérito que cada um tenha alcançado.

O criminoso, como diz Emmanuel, é qualquer um de nós que foi surpreendido. Por isso afirma a doutrina que o perdão é condição de paz profunda. O espírita não perdoa para ser agradável a Deus, para buscar um lugar no céu, mas para manter sua integridade psíquica, conservar sua paz interior. Entende o que diz o mentor Francisco de

Assis quando assevera que é perdoando que se é perdoado. Ser espírita é não se esquivar do arrependimento, da reparação, nem da expiação de suas faltas.

Kardec afirmou: *Reconhece-se o verdadeiro espírita pela sua transformação moral, e pelos esforços que faz para domar as suas más inclinações.* Jesus foi além quando enfatizou: os meus discípulos serão conhecidos por muito se amarem. Como o espiritismo tem em Jesus o guia e modelo a ser seguido e em Kardec a segurança teórica de como segui-lo, tem no amor e em todas as virtudes evangélicas, o seu estilo de vida, objetivo a ser alcançado como condição de libertação e de felicidade.

Como o projeto do espiritismo é a construção do homem de bem, nada mais justo expor ao final desse texto as condições apresentadas pela doutrina para este homem, grafadas em *O Evangelho segundo o Espiritismo*:

> O verdadeiro homem de bem é aquele que pratica a lei de justiça, de amor e caridade, na sua maior pureza. Se interroga a sua consciência sobre os próprios atos, pergunta se não violou essa lei, se não cometeu o mal, se fez todo o bem *que podia*, se não deixou escapar voluntariamente uma ocasião de ser útil, se ninguém tem do que se queixar dele, enfim, se fez aos outros aquilo que queria que os outros fizessem por ele.
>
> Tem fé em Deus, na sua bondade, na sua justiça e na sua sabedoria; sabe que nada acontece sem a sua permissão, e submete-se em todas as coisas à sua vontade.

Tem fé no futuro, e por isso coloca os bens espirituais acima dos bens temporais.

Sabe que todas as vicissitudes da vida, todas as dores, todas as decepções, são provas ou expiações, e as aceita sem murmurar.

O homem possuído pelo sentimento de caridade e de amor ao próximo faz o bem pelo bem, sem esperar recompensa, paga o mal com o bem, toma a defesa do fraco contra o forte e sacrifica sempre o seu interesse à justiça.

Encontra satisfação nos benefícios que distribui, nos serviços que presta, nas venturas que promove, nas lágrimas que faz secar, nas consolações que leva aos aflitos. Seu primeiro impulso é o de pensar nos outros, antes que em si mesmo, de tratar dos interesses dos outros, antes que dos seus. O egoísta, ao contrário, calcula os proveitos e as perdas de cada ação generosa.

É bom, humano e benevolente para com todos, sem distinção de raças nem de crenças, porque vê todos os homens como irmãos.

Respeita nos outros todas as convicções sinceras, e não lança o anátema aos que não pensam como ele.

Em todas as circunstâncias, a caridade é o seu guia. Considera que aquele que prejudica os outros com palavras maldosas, que fere a suscetibilidade alheia com o seu orgulho e o seu desdém, que não recua à ideia de causar um sofrimento, uma contrariedade, ainda que ligeira, quando a pode evitar, falta ao dever do amor ao próximo e não merece a clemência do Senhor.

Não tem ódio nem rancor, nem desejos de vingança. A exemplo de Jesus, perdoa e esquece as ofensas, e não se lembra senão dos benefícios. Porque sabe que será perdoado, conforme houver perdoado.

É indulgente para as fraquezas alheias, porque sabe que ele mesmo tem necessidade de indulgência, e se lembra destas palavras do Cristo: "Aquele que está sem pecado atire a primeira pedra".

Não se compraz em procurar os defeitos dos outros, nem a pô-los em evidência. Se a necessidade o obriga a isso, procura sempre o bem que pode atenuar o mal.

Estuda as suas próprias imperfeições, e trabalha sem cessar em combatê-las. Todos os seus esforços tendem a permitir-lhe dizer, amanhã, que traz em si alguma coisa melhor do que na véspera.

Não tenta fazer valer o seu espírito, nem os seus talentos, às expensas dos outros. Pelo contrário, aproveita todas as ocasiões para fazer ressaltar as vantagens dos outros.

Não se envaidece em nada com a sua sorte, nem com os seus predicados pessoais, porque sabe que tudo quanto lhe foi dado pode ser retirado.

Usa, mas não abusa dos bens que lhe são concedidos, porque sabe tratar-se de um depósito, do qual deverá prestar contas, e que o emprego mais prejudicial para si mesmo, que poderá lhes dar, é pô-los a serviço da satisfação de suas paixões.

Se nas relações sociais, alguns homens se encontram na sua dependência, trata-os com bondade e benevolência, porque são seus iguais perante Deus. Usa sua autoridade para erguer-lhes a moral, e não para os esmagar com o seu orgulho, e evita tudo quanto poderia tornar mais penosa a sua posição subalterna.

O subordinado, por sua vez, compreende os deveres da sua posição, e tem o escrúpulo de procurar cumpri-los conscientemente. O homem de bem, enfim, respeita nos seus semelhantes todos os direitos que lhes são assegurados pelas leis da natureza, como desejaria que os seus fossem respeitados.

Esta não é a relação completa das qualidades que distinguem o homem de bem, mas quem quer que se esforce para possuí-las, estará no caminho que conduz às demais.

***ESE*, capítulo XVII.**

Com absoluta coerência em suas lições o mesmo tema é retratado em *O Livro dos Espíritos* na questão 918:

918. – Por que indícios se pode reconhecer em um homem o progresso real que lhe elevará o espírito na hierarquia espírita?

– O espírito prova a sua elevação, quando to-

> dos os atos de sua vida corporal representam a prática da lei de Deus e quando antecipadamente compreende a vida espiritual.

Se para alguns psicanalistas a banalização do suicídio ocorre também devido ao fato de atualmente haver cada vez menos espaço para discussão e alívio ao sofrimento, no espiritismo o sofrimento é compreendido como uma consequência de uma ação atual ou passada, dissonante para com as leis divinas ou naturais.

Em uma sociedade capitalista uma pessoa que passa por longos períodos de tristeza é vista como derrotada, incompetente, não preparada para a produção de riquezas. Paralelo a este pensamento a mídia induz a população ao cultivo de uma vida "vitoriosa", onde as pessoas bem-sucedidas são aquelas que não perdem tempo sofrendo ou aliviando o sofrimento, pois o têm como incapacidade de gerir a vida. Os olhos da mídia e das redes sociais, em sua maioria, contaminadas pelo materialismo, disseminam o pensamento de que o ser humano deve se destacar a qualquer preço.

Enquanto o sofrimento for evitado, camuflado e tido como sinal de fragilidade, no lugar de ser estudado e tratado como uma característica de um mundo de provas e expiações qual o que habitamos, os índices de suicídios continuarão a crescer.

Cultivemos o amor, pois este sentimento é o indutor e o catalisador de todas as reconstruções das quais necessitamos. O amor não nasce do nada, faz parte de um relacionamento no qual deve existir reciprocidade e confiança. A pessoa que pode nos ferir mais intensamente é aquela a quem amamos. Por isso o relacionamento precisa ser honesto e afetivo. Se assim é entre um homem e uma mulher, o mesmo vale entre o homem e seu vizinho, o Criador e criatura, com a diferença que o Criador nunca falha.

Amemos, não para merecermos um lugar sossegado no mundo espiritual, mas para nos tornarmos humanos. Amemos porque só quem ama tem o poder de apagar dores e semear felicidade.

20 MARIA, A ZELOSA MÃE DOS SUICIDAS

MARIA DE NAZARÉ, a mãe de Jesus, é muito citada entre os suicidas, por ser uma espécie de patrona, protetora, acolhedora e realmente uma mãe para todos os sofredores. Não é sem razão que na oração que leva seu nome (Ave Maria) existe a piedosa mensagem: *rogai por nós pecadores, agora e na hora de nossa morte.*

Na literatura espírita encontram-se registradas várias referências a este espírito valoroso, tais como as citadas abaixo.

Existem na espiritualidade numerosos espíritos dedicados a auxiliar Maria no trabalho misericordioso de amenizar os sofrimentos dos suicidas. Esse exército imenso, batizado de "Legião dos Servos de Maria", vasculha os antros de dor na tentativa de encontrá-los e socorrê-los, levando-os aos hospitais especializados onde, sob a proteção amorosa de Maria, eles poderão recuperar a saúde e a dignidade perdidas. Camilo Castelo Branco, em sua magnífica obra *Memórias de um suicida,* na qual narra seu próprio infortúnio, é a melhor referência para nos esclarecer quanto a este atendimento:

> [...] Porém, mesmo em lugar tão terrível, a misericórdia de Deus se manifesta: periodicamente, singular caravana visitava esse antro de sombras. Vinha à procura daqueles dentre nós cujos fluidos vitais arrefecidos pela desintegração completa da matéria, permitissem locomoção para as camadas do invisível intermediário, ou de transição. Supúnhamos tratar-se, a caravana, de um grupo de homens. Mas na realidade eram espíritos que estendiam a fraternidade...
>
> Senhoras faziam parte dessa caravana - Legião dos Servos de Maria. Entravam aqui e ali, pelo interior das cavernas habitadas, examinando seus ocupantes. Curvavam-se, cheias de piedade, junto das sarjetas, levando aqui e acolá algum desgraçado tombado sob o excesso de sofrimento; retiravam os que apresentassem condições de poderem ser socorridos e colocavam-nos em macas conduzidas por varões que se diriam serviçais ou aprendizes.
>
> ***Memórias de um suicida.***

O Hospital Maria de Nazaré

Passaram-se os anos e finalmente Camilo tem condições de ser socorrido e é transferido para o hospital Maria de Nazaré. Vejamos o que ele nos narra:

> Depois de algum tempo de marcha, durante o qual tínhamos a impressão de estar vencendo grandes distâncias, vimos que foram descerradas as persianas, facultando-nos possibilidade de distinguir no horizonte ainda afastado, severo conjunto de muralhas fortificadas, enquanto pesada fortaleza se elevava impondo respeitabilidade e temor na solidão de que se cercava...
>
> Edifícios soberbos impunham-se à apreciação, apresentando o formoso estilo português clássico, que tanto nos falava à alma. Indivíduos atarefados, neles entravam e deles saíam em afanosa movimentação, todos uniformizados com longos aventais brancos, ostentando ao peito a cruz azul-celeste ladeada pelas iniciais: L.S.M. Dir-se-iam edifícios, ministérios públicos ou departamentos. Casas residenciais alinhavam-se, graciosas e evocativas na sua estilização nobre e superior, traçando ruas artísticas que se estendiam laqueadas de branco, como que asfaltadas de neve.
>
> À frente de um daqueles edifícios parou o comboio e fomos convidados a descer. Sobre o pórtico definia-se sua finalidade em letras visí-

veis: Departamento de Vigilância. Tratava-se da sede do Departamento onde seríamos reconhecidos e matriculados pela direção, como internos da Colônia. Daquele momento em diante estaríamos sob a tutela direta de uma das mais importantes agremiações pertencentes à Legião chefiada pelo grande espírito Maria de Nazaré, ser angélico e sublime que na Terra mereceu a missão honrosa de seguir, com solicitudes maternais, aquele que foi o redentor dos homens!...

A um e outro lado destacavam-se outras em que setas indicavam o início de novos trajetos, enquanto novas inscrições satisfaziam a curiosidade ou necessidade do viajante: À direita - Manicômio, à esquerda - Isolamento. Ao contrário das demais dependências hospitalares, como o Isolamento e o Manicômio, o Hospital Maria de Nazaré, ou "Hospital Matriz", não se rodeava de qualquer barreira. Apenas árvores frondosas, tabuleiros de açucenas e rosas teciam-lhe graciosas muralhas...

Memórias de um suicida.

A MANSÃO DA ESPERANÇA

A Legião dos Servos de Maria mantém outra instituição no plano espiritual denominada de Mansão da Esperança. Camilo Castelo Branco assim se refere a este abrigo de paz em sua obra:

Não me permitirei à tentativa de descrever o encanto que se irradiava desse bairro onde as cúpulas e torres dos edifícios dir-se-iam filigranas lucidando discretamente, como que orvalhadas, e sobre as quais os raios do Astro Rei, projetados, em conjunto com evaporações de gases sublimados, emprestavam tonalidades de efeitos cuja beleza nada sei a que possa comparar! Emocionados, detivemo-nos diante das escolas que deveríamos cursar. Em tudo, porém, desenhava-se augusta superioridade, desprendendo sugestões grandiosas, inconcebíveis ao homem encarnado.

Aqui e ali, pelos parques que bordavam a cidade, deparávamos turmas de alunos ouvindo seus mestres sob a poesia dulcíssima de arvoredos frondosos, atentos e inebriados como outrora teriam sido, na Terra, os discípulos de Sócrates ou de Platão, sob o farfalhar dos plátanos de Atenas; os iniciados de Pitágoras e os desgraçados da Galileia e da Judeia, os sofredores de Cafarnaum ou Genesaré, embevecidos ante a intraduzível magia da palavra messiânica!

Memórias de um suicida.

E foi no Hospital Maria de Nazaré que se passou o drama de Jerônimo, suicida que exagerou na insistência de retornar ao antigo lar terreno para ver sua família, encontrando-a destroçada devido a sua fuga da carne. Retornando com depressão profunda, à beira da loucura, precisou ser isolado dos demais a fim de poupá-los do seu sofrimento, fator de agravamento nos já combalidos companheiros, caso permanecesse junto a eles. No isolamento, passado algum tempo, aquietou-se e orou com profunda emoção e fé a Maria, a doce mãe dos desgraçados, dela obtendo resposta através de longa missiva em caracteres luminosos. Averiguemos um pouco dessa narrativa feita por ele mesmo, registrada pela emoção de Camilo Castelo Branco, situada no capítulo IV de *Memórias de um suicida*:

> [...] Orei, dessa vez, como nunca, jamais havia orado! Supliquei à amorosa mãe do nosso Redentor assistência e misericórdia para meus filhos! Que intercedesse junto a Jesus Nosso Senhor, no sentido de beneficiar as infelizes crianças por mim abandonadas aos inclementes arremessos da adversidade! Nomeei Margaridinha, minha pobre caçula, atirada à lama das sarjetas pela orfandade em que se vira com o meu suicídio! Lembrei Albino, atirado a um cárcere no verdor dos anos, porque um pai não tivera, digno bastante, para lhe prover caminhos e orientações honrosas, pois que eu! eu! que fora o pai, que perante Deus e a sociedade me comprometera à nobre missão da paternidade, desonrara-me e desonrara-o com os maus exemplos deixados como única e pervertida herança! Bradei por sua maternal intervenção em torno da angustiosa situação de ambos, ainda que meus próprios sofrimentos se dilatassem por indeterminado tempo! Oferecia-

> -lhe, como penhor do meu reconhecimento por qualquer benefício que lhes concedesse sua terna compassividade de Mãe, a renúncia a eles próprios, pois bem reconhecia eu não merecer a sacrossanta missão da paternidade! Afastar-me-ia para sempre, se tanto fosse necessário... mas que Margaridinha, sob seu maternal amparo, fosse afastada do Cais da Ribeira e Albino não levasse o desespero até arrojar-se ao suicídio, antes se resignasse ao cárcere, ao exílio, onde, mais tarde, poderia reabilitar-se, quem o saberia?!

Dias depois da fervorosa prece (ah, a prece! Que pedido de amor mais doce e eficiente quando feito com fé, calma e verdadeira), Jerônimo foi chamado para uma entrevista na qual foi noticiado que suas orações haviam sido atendidas.

> [...] Antes de mais nada, dai graças ao Senhor Todo Bondoso e Misericordioso, caro Jerônimo! Vossas mensagens a Maria alcançaram êxitos perante as leis eternas e incorruptíveis!...
>
> Aqui está a resposta de nossa Amável Senhora e Guardiã, a qual, em honra a seu Augusto Filho, atende à intervenção que lhe rogastes!... Do Templo, onde militam os responsáveis por nossa Colônia, e para onde chegam as instruções de Mais Alto, mandam os nossos orientadores estas instruções, espécie de programação a ser efetuada em torno de vossos filhos Albino

e Margarida... Com o visto de Irmão Teócrito, como se encontra, hoje mesmo poderemos iniciar a tarefa. Aturdido com o inesperado da notícia, nada respondi de momento, deixando, porém, que minh'alma, célere, externasse, no segredo do pensamento, o meu agradecimento ao Deus Bom, ao Deus Misericórdia, que tão prontamente permitia fosse eu atendido nos meus mais fortes desejos do momento!

Segurei o pergaminho lucilante, voltando-o várias vezes entre as mãos, sem ousar abri-lo. O próprio diretor, porém, com a bondade que lhe é peculiar, veio em meu auxílio, desdobrando-o cuidadosamente... Eram quatro páginas destacadas, as quais cintilavam com reflexos de estrelas, em suas mãos. Caracteres azulados, como se estrigas do firmamento azul servissem aos iluminados do Templo para transmitirem as sublimes inspirações que recebiam no sentido de beneficência aos sofredores, traduziam as ordens que a Magnânima Senhora enviara para meu socorro supremo!

Ordenavam que minha pobre Margaridinha, assim como Albino, fossem, sem mais tardanças, atraídos a um posto de emergência mantido por este Instituto na Terra, ou em suas imediações, a fim de se submeterem a um tratamento magnético especial, com vistas ao reajustamento psíquico dos sistemas nervoso e mental, ambos muito enleados nas farpas do meio ambiente viciado em que se expandiam, desorganizados pela

> intensidade dos choques derivados das pelejas a que eram chamados a enfrentar nos testemunhos diários. Que fossem os pobrezinhos aconselhados, advertidos, esclarecidos, porquanto o de que mais careciam era da iluminação interior de si mesmos. E que, em torno de ambos, caridosa corrente de amor, simpatia e proteção se estabelecesse, por que o Astral Superior se encarregaria de criar os ensejos necessários aos acontecimentos...
>
> ***Memórias de um suicida,* capítulo V.**

Seguia-se a longa lista de providências que Maria tomara para aliviar seus padecimentos, ele que sempre fora pai amoroso e bondoso, méritos reconhecidos e tidos como de valores inestimáveis, agora teria sua família amparada pela Senhora da Luz, Maria de Nazaré.

A figura de Maria perpassa toda a história do cristianismo nascente, pois antecedeu ao nascimento de Jesus, recebeu o governador da Terra na condição de mãe, deu-lhe carinho, educação e sustentação, assistiu a sua desencarnação e ainda continuou sua obra de divulgação do roteiro luminoso, diretrizes dos mundos felizes anunciadas e vivenciadas pelo Mestre. Meditemos na atuação desse espírito, na revelação divina através da narrativa de Emmanuel, em sua primorosa obra *Paulo e Estêvão.*

> O apóstolo Paulo, ao visitar Éfeso, atendendo insistentes chamados de João, para promover a fundação definitiva da igreja cristã naquela cidade com delicadeza extrema, visitou a Mãe de Jesus na sua

casinha singela, que dava para o mar. Impressionou-se fortemente com a humildade daquela criatura simples e amorosa, que mais se assemelhava a um anjo vestido de mulher. Paulo de Tarso interessou-se pelas suas narrativas cariciosas, a respeito da noite do nascimento do Mestre, gravou no íntimo suas divinas impressões e prometeu voltar na primeira oportunidade, a fim de recolher os dados indispensáveis ao Evangelho que pretendia escrever para os cristãos do futuro. Maria colocou-se à sua disposição, com grande alegria.

Numa próxima viagem, a caminho da Palestina pela última vez, Paulo de Tarso também passou, rapidamente, por Éfeso e a própria Maria, avançada em anos, acorrera de longe em companhia de João e outros discípulos, para levar uma palavra de amor ao paladino intimorato do Evangelho de seu Filho.

E mais tarde, quando o apóstolo dos gentios esteve preso, por dois anos, em Cesareia, aproveitou esse período para manter relações constantes com as suas igrejas. A esse tempo, o ex-doutor de Jerusalém chamou a atenção de Lucas para o seu velho projeto de escrever uma biografia de Jesus, valendo-se das informações de Maria, lamentou não poder ir a Éfeso, incumbindo-o desse trabalho, que reputava de capital importância para os adeptos do cristianismo.

O médico amigo satisfez-lhe integralmente o desejo, legando à posteridade o precioso relato da vida do Mestre, rico de luzes e esperanças divinas.

Paulo e Estêvão, **Francisco Cândido Xavier, Emmanuel (espírito).**

Muita fé tenho na atuação desse luminoso e compassivo espírito que é visto em visitas periódicas às furnas infernais resgatando enfermos e aliviando o sofrimento. Amo-o devagar e urgentemente, como dizem os poetas, fugindo da sombra da minha alma na tentativa de capturar e de saturar-me com um fóton da sua luz abençoada. Tento aproximar-me à maneira daquela mulher que sofria de fluxo sanguíneo e um dia conseguiu tocar na ponta da túnica do governador do mundo, Jesus.

Mas o que consegui até então foi escrever poemas para ele, suplicar seu auxílio nas madrugadas mornas da minha terra quando sento diante do computador, dizer o quanto sou grato por conhecer um pouco da sua história, dedicação e misericórdia. Gostaria, portanto, de concluir este capítulo com um poema a ele dedicado. O poema não retrata a luminosidade nem a pureza lirial de Maria. Apenas mostra que na indigência também há vontade de transformação; que o amor pode surgir de becos e vielas escuras, tentando romper a casca que o impede de beijar a luz.

Encontro com Maria

A emoção que mais me extasiou um dia
Deixando doces os olhos marejados
Foi aquela na qual eu vi Maria
A zelosa mãe dos desgraçados

Havia em seu olhar tão intenso brilho
E um sorriso meigo de amor bordado
Que eu de estranho me senti seu filho
E em seu colo quis ficar guardado

Suas mãos abertas, cascatas de luz
Como uma estrela que no inferno brilha
Mostravam ao peito a marca de uma cruz

Gritei: mãe! Tira da vida este cruel espinho!
Segue na frente iluminando a trilha
Fecha a porteira do meu descaminho.

21 UM MINUTO PELOS SUICIDAS

HÁ TRINTA ANOS, penalizado com a situação dolorosa dos suicidas descrita em romances e assistida em comunicações mediúnicas, pensei em ajudá-los de alguma maneira, decidindo por escrever em um caderno, que hoje é livro, o nome de suicidas retirados de páginas dos jornais, ouvidos através do rádio, citado por familiares, comunicantes de reuniões de desobsessão, dentre outras situações.

Decidi naquela ocasião que dali para diante, em cada reunião mediúnica que dirigisse, destinaria o primeiro minuto para uma prece em favor dessa massa sofredora. Fiquei pensando o que dizer em um minuto para alguém que sofre desesperadamente, às vezes por décadas, e que exaurido pelo sofrimento e pelo desespero já não tem mais esperança de recomeçar em paz uma nova história de vida.

Escolhi o salmo 23[2], por reconhecer em suas palavras muita esperança e confiança na bondade divina, que saturada de misericórdia, se desdobra para minimizar os estertores de agonia nesses vales jamais esquecidos pela dedicação dos piedosos auxiliares de Jesus.

Por dezenas de vezes alguns suicidas já retornaram para agradecer os benefícios recebidos, advindos desse instante de prece e de amor a eles dedicado. Eles adquirem confiança ao participar dele sentindo-se lembrados, fortalecidos ao saberem que alguém se preocupa com a indigência de seus corações, que não são réprobos sem remissão, que a esperança do soerguimento pode surgir com mãos e vozes acolhedoras.

Viajando certa feita pelo interior da Bahia, fazendo uma palestra em um centro espírita na cidade de Santo Antônio de Jesus, distante de Salvador quase duzentos quilômetros, ao terminar minhas informações sobre o perispírito, uma jovem me trouxe pelo braço um senhor

---

2 Salmo 23 tal qual o oramos:
O Senhor é o meu pastor, nada me faltará.
Deitar-me faz em verdes pastos. Leva-me mansamente a águas tranquilas.
Refrigera a minha alma; guia-me nas veredas da justiça, por amor do seu nome.
Ainda que eu andasse pelo vale da sombra e da morte, não temeria mal algum, porque Tu estás comigo; o Teu amor me consola.
Prepara-me o banquete do amor na presença dos meus inimigos; unges com perfume a minha cabeça; o meu cálice transborda de júbilo.
Certamente a bondade e a misericórdia me seguirão todos os dias da minha vida; e habitarei na casa do Senhor por longos dias.

já bem idoso, hemiplégico, que me cumprimentou e me passou um bilhete agradecendo-me. Ao abri-lo li emocionado o agradecimento de seu filho, suicida, já amparado e trabalhando no mesmo hospital onde fora tratado, relatando os benefícios desse minuto e solicitando-me que nunca deixasse de orar por eles. Ali, a centenas de quilômetros de minha casa, em um local onde era um desconhecido, alguém me encontrou e me enviou seu pai para abraçar-me. Não houve como evitar as lágrimas.

Mas o que mais me emocionou nesses anos todos em contato com eles foi o testemunho de uma jovem suicida, que em pleno Natal, no Centro Espírita Grão de Mostarda, veio nos visitar com a missão de contar sua história. A noite estava calma e bela com as vibrações doces de nossos sentimentos e eu já me preparava para a prece final quando uma jovem, utilizando-se da palavra de uma médium disse: *professor! Não se assuste com o meu gesto. Eu tenho permissão dos dirigentes da casa para agir.*

Então a médium se levantou sob a influência da comunicante e beijou a mão de todos os componentes do grupo, dizendo a cada um: *Deus lhe pague. Eu não tenho como.*

Depois disso, ela contou que estivera internada em um hospital de amparo aos suicidas e que o seu nome estava escrito naquele livro, ali sobre a mesa, onde, segundo ela, brilhava como neon. Em seguida descreveu o que ocorre no hospital no minuto da prece: abre-se na parede um grande painel luminoso e nele surgem cenas e palavras do salmo, impregnadas de luz, que se deslocam da parede encharcando o perispírito dos enfermos que esperam ansiosos por aquele momento.

Disse-nos também, que muitos enfermos se recuperam e se alegram através daquele minuto e que alguns, sabendo que ela obtivera a permissão para nos visitar, lhe pediram que trouxesse seus nomes a fim de escrevê-los no referido livro. Finalmente, agradeceu em nome de todos os desesperados, enfatizando: este minuto dedicado a nós é mais importante do que anos de conversa vã sobre o que fizemos. E voltou agora na condição de enfermeira, para junto dos seus irmãos internos, deixando-nos o agradecimento em nome e em louvor da Mãe dos Sofredores, Maria de Nazaré. Aquilo, para nós, foi a confirmação do óbvio: o bem que fazemos hoje é nosso advogado em qualquer tempo ou lugar.

Tenho muita vontade de conhecer o Hospital citado pela jovem. Quero mesmo esforçar-me o suficiente para conseguir uma vaga, quando desencarnar, de varredor de jardim, limpador de pisos, maqueiro, enfim, algum ofício compatível com minha insignificância diante da dor alheia. Mas isso está nas mãos de Nossa Senhora a quem entreguei meu coração para que dele cuidasse, desde pequeno.

Jamais pense em suicídio! Seja qual for o volume e a profundidade do problema, ele tem solução honrosa com a ajuda de Jesus. Busque o médico divino; lembre-se do seu chamado: vinde a mim todos vós que estais aflitos e sobrecarregados e eu vos aliviarei. Se não quer mais sua vida, faça uma doação dela para esse Mestre. Gaste-a no trabalho em favor do alívio ao sofrimento de seus irmãos. Busque um trabalho voluntário e faça brilhar a luz que existe em todo coração desesperado, mas que só é liberada pelo amor a Jesus. Qual rosa perfumada que queima ao sol, deixe-se consumir no amor do Mestre e não se preocupe com as pétalas que vão secando, no entanto, exalando o perfume doce da caridade.

Assim ele que é o pastor de nossas almas, restabelecerá o amor pela vida, a lucidez, o prazer de servir, o encanto poético de ser e de cantar a vida. Leia livros espíritas, assim a qualquer momento esbarrará em Emmanuel e sua adocicada certeza:

> ... formulamos votos para que o exemplo do Grande Convertido se faça mais claro em nossos corações, a fim de que cada discípulo possa entender quanto lhe compete trabalhar e sofrer, por amor a Jesus Cristo, *Paulo e Estêvão*, psicografia de Chico Xavier.

22 RECADOS E POEMAS PARA QUEM AMAMOS

O AMOR É uma necessidade na vida de qualquer ser vivo, seja humano ou não. É o hálito vital, a energia que impulsiona, o sentido de todo o existir. O cuidado no relacionamento com o ser amado nunca deve ser desprezado, mas construído a cada dia como um projeto sem pressa de terminar, sempre em aperfeiçoamento. Em verdade, é um investimento, no qual determinadas atitudes são obrigatórias. Muitos suicídios são orquestrados pela falência nesse relacionamento. Não por maldade, mas por inabilidade de conduzir o processo.

Não saberia explicar a beleza e a fragilidade desse processo a não ser pela poesia, método natural de fazer aflorar no coração e na mente a sensibilidade que orienta as mãos, o coração e a alma na condução, manutenção e eternização do amor.

Esse capítulo é dedicado não apenas aos casais que pretendem eternizar seus momentos, mas, sobretudo, àqueles que ainda não conseguiram laços estreitos em sua convivência. Espero que percebam que a vida é rápida como uma neblina e traz uma tristeza aguda quando nos damos conta de que ela, ao passar, nos deixou a certeza de que não beijamos o suficiente, não dissemos o suficiente, não fomos suficientemente companheiros, nem eficientemente amantes.

O arrependimento de não ter abraçado mais é algo desesperador, pois os braços estavam ali, a pessoa estava ali, a oportunidade estava ali, o tempo estava ali, o óbvio estava ali, mas o espírito não estava ali. Beije mais, abrace mais, diga que ama, que o outro é importante, que sente falta, que tem saudades, que quer colo... Isso não é fraqueza, ao contrário, só os fortes dizem isso, pois os covardes, os traidores, os insensíveis, nunca dizem "eu te amo".

Diga que precisa do outro, que quer cuidar e ser cuidado por ele, fale! Aja! O que mata o amor não é a distância, mas o silêncio. Claro que existem problemas, mas no amor eles são administráveis, pois a soma de forças duplica a possibilidade de vitória.

Ame, ore, pois todo amor vem de Deus e precisa d'Ele; não se permita dormir sem dizer a quem está ao seu lado e partilha de sua existência que ama sua presença ali onde ele está. Não pense jamais que tais atitudes são perda de tempo, porque o outro já sabe disso, portanto tudo está implícito. No amor, ser prolixo, não falo de ser pegajoso, às vezes é uma necessidade. Viva a reciprocidade! "Peque", se tiver que "pecar", por excesso de amor, jamais por falta.

Os poemas aqui apresentados são pontos de contraste ou de encaixe no amor, de modo que, cada um se analise e se deixe guiar por sua intuição, suas orações e seu amor sincero. São palavras para expressar sentimentos, ideias para que você escreva algo para o ser amado. Não importa se é uma obra de arte ou versos soltos, simples. Quem os recebe lê e os vê com olhos de obra-prima, aceita como presente divino, entende como prova de amor sincero. Confie no amor. Ele sempre dirá o que fazer.

Os poemas a seguir são de autoria do autor:

A quem amamos

Se a quem nos agride devemos perdoar setenta vezes sete vezes, o quanto devemos dizer "te amo" a quem amamos?
E se aconselhado foi, orar pelos inimigos e fazer o bem a quem nos persegue e calunia, como proceder com quem nos acolhe e abraça?
E se é regra de ouro, amar ao próximo como a si mesmo, como tratar àqueles aos quais amamos mais que a nós mesmos?
Não nos descuidemos do ser amado pensando que por ele se saber amado não necessita escutar "te amo", ser beijado e abraçado.

Ninguém é forte o dia todo, nem sábio a vida toda,
nem valente o tempo todo.
Há dias nos quais tudo que queremos é o colo de
quem amamos.

Silêncio inadequado

Deve haver uma arma melhor para afastar o amor,
que o silêncio
Mesmo louco, querendo apagar da vida o que lhe
vela, fale
O silêncio mata aos poucos, prefiro morrer rápido
O amor, por sua natureza doce e afetuosa
Merece um tratamento mais caridoso
A palavra, a poesia, um aperto de mão, um sorriso
triste
Uma sinceridade samaritana
Um não com expectativa de sim
Um adeus com esperança de futuro
Mas, silêncio?
O demolidor mais eficiente dos sentimentos?
O vácuo que nos atira na incerteza e nos faz sentir
hóspede da solidão?
O inventor de mil histórias que nos atormenta
a alma?
O que aprisiona a paz e desencanta a beleza?
Não! Mata-me de outra maneira
Usa uma adaga, cianureto, a asfixia
Perdoo-te o método, a escolha, o gesto
Mas por favor, não me mate com o silêncio.

Sobre a raridade de um grande amor

Se dizem te amar e o motivo é o corpo, o abrigo, o pão
Não te amam
Amam a circunstância.
Se dizem te amar e o móvel é a inteligência
Ela também se deslustra quando não alimentada
Amam a brevidade fugaz do agora
Para acordarem aturdidos na eternidade do sempre
Se dizem te amar e nunca procuram saber do teu espírito
Não és amada
Vives na terra do faz de conta e eles na terra do nunca
Só é amor mesmo quando somos amados em corpo e alma
Beijados na Terra, abraçados no espaço, mãos dadas no paraíso,
zeladores no inferno, pois lá também existe amor
Somos amados quando em qualquer lugar, refletimos o outro
Olhando no espelho vemos o outro
Olhando para si vemos primeiramente o outro.
Somos amados quando já não somos nós, sós, pós
Mas quando sendo dois somos um.

Poema para uma estrela

Ninguém sabe exatamente por que ama alguém
Pode pensar que é pelos olhos, o corpo, o tudo
Mas se não envolve a alma não ama

Só existe amor de almas
O corpo serve para tentar abraçar a alma que ele guarda
E que é impalpável, mas sente o toque dos lábios, das mãos, do desejo
Estranho amar o que não se vê
Mas os olhos são a janela da alma, a vitrine do coração
Olha nos olhos de quem amas e verás o mistério da alma
Como ela se expande para envolver-te
Como ela exala perfume ao teu lado
Como ela vibra quando te afaga
Olha nos olhos de quem amas e sentirás vontade de penetrá-los
De morar dentro deles
De parar o tempo, fazer um berço
Fundir os corações para nunca se separarem
Essa é a linguagem da alma
O silêncio com eloquentes discursos
O momento que define a eternidade
O sentimento que humaniza a divindade
A divindade que nos torna humanos.

Coisas de mulher ou beleza intrínseca
Essa coisa de capturar a beleza e prender em uma foto
De mostrar um sorriso nunca exposto
De arrumar o cabelo como um berço
De expandir um perfume que desarma

De se parecer com uma flor e surpreender como um livro
É bem próprio da mulher
Essa coisa de construir um amor perfeito
De acolher e vitalizar o carinho sem nunca deixar de ser menina
De obter vitórias sem humilhar adversários
De amar porque vale a pena
De esquecer de si para lembrar dos filhos
Isso tudo é coisa de mulher
A que tem o privilégio de ser mãe.

O corpo da mulher
Só uma coisa supera o corpo da mulher: seu espírito
Pois flores, cascatas, estrelas, perfumes...
Tudo isso está em seu corpo. Por isso é tão difícil se apartar dele.
Por isso os poemas são para ele
Os barcos, os leitos, os beijos, as orações, as confissões, canções, inspirações e o que ainda se inventará será por causa dele
A vida começa por ele e a morte só tem sentido com ele
Por que ir à Lua ou a Marte se ainda não o entendemos?
Na verdade primeiro deveríamos aprender a amá-lo e reverenciá-lo para depois nos tornarmos, por seu amor, poetas, bailarinos, seresteiros, astronautas... deuses.

Os poemas fazem alusão a diferentes momentos e situações na vida de um casal. Escreva para seu amor, esconda bilhetinhos no seu bolso, deixe recados sob seu travesseiro, surpreenda-o sempre com suas brincadeiras e risos iluminados. Aquilo que não nasce todos os dias morre todos os dias. Não deixe que isso aconteça com seu amor, pois um amor entristecido, não alimentado, pode cair na tragédia da separação.

23 MORTOS AMADOS: LEMBREMO-NOS DELES

NOSSOS MORTOS NÃO estão mortos. Sequer dormem, pois já nascemos com a dádiva da imortalidade. Tenhamos para com eles o afeto que antecedeu ao desenlace da matéria, lembrando-os em seus momentos mais felizes junto a nós através de orações e pensamentos positivos a fim de elevar-lhes a estima. Que o pesar não nos afete; que a sensação de perda não nos perturbe, pois jamais perderemos a quem amamos.

O amor é elo diamantino, inquebrantável, e mesmo nas distâncias incomensuráveis, qual ocorre no entrelaçamento quântico entre partículas, nos mantém unidos e interativos. Estejamos certos de que nem a distância, nem a morte, nem a dor, nem a amnésia, nem mesmo os séculos ritmados pelo relógio da eternidade conseguem, juntos ou separados, separar os seres que se amam.

Lembremos de nossos mortos em vida plena. Que seus rostos nos surjam em nossas telas mentais sempre sorrindo, aureolados pela suave luz azulada dos Natais. Que vejamos suas mãos, não súplices, não caídas, mas abertas para nos abraçar. Lembremos de seus corações em festa, suas falas calmas, seus poemas que nunca disseram por timidez ou falta de oportunidade, luminosos, rimas raras, sentimentos profundos, simplicidade autêntica.

Lembremos como se a lembrança não fosse lembrança, mas realidade transplantada de onde eles estejam para o agora e o recebamos no luminoso e aconchegante salão aveludado de nossos corações. Os poemas que se seguem procuram fortalecer o que aqui dissemos.

Emmanuel

> Na Terra, quando perdemos a companhia de seres amados, ante a visitação da morte sentimo-nos como se nos arrancassem o coração para que se faça alvejado fora do peito.
>
> Ânsia de rever sorrisos que se extinguiram, fome de escutar palavras que emudeceram.

E bastas vezes tudo o que nos resta no mundo íntimo é um veio de lágrimas estanques, sem recursos de evasão pelas fontes dos olhos.

Compreendemos, sim, neste Outro Lado da Vida, o suplício dos que vagueiam entre as paredes do lar ou se imobilizam no espaço exíguo de um túmulo, indagando por que...

Se varas semelhantes sombras de saudade e distância, se o vazio te atormenta o espírito, asserena-te e ora, como saibas e como possas, desejando a paz e a segurança dos entes inesquecíveis que te antecederam na Vida Maior.

Lembra a criatura querida que não mais te compartilha as experiências no Plano Físico, não por pessoa que desapareceu para sempre e sim à feição de criatura invisível, mas não de todo ausente.

Os que rumaram para outros caminhos, além das fronteiras que marcam a desencarnação, também lutam e amam, sofrem e se renovam.

Enfeita-lhes a memória com as melhores lembranças que consigas enfileirar e busca tranquilizá-los com o apoio de tua conformidade e de teu amor.

Se te deixas vencer pela angústia, ao recordar-lhes a imagem, sempre que se vejam em sintonia mental contigo, ei-los que suportam angústia maior, de vez que passam a carregar as próprias aflições sobretaxadas com as tuas.

Compadece-te dos entes amados que te precederam na romagem da Grande Renovação.

Chora, quando não possas evitar o pranto que se te derrama da alma; no entanto, converte quanto possível as próprias lágrimas em bênçãos de trabalho e preces de esperança, porquanto eles todos te ouvem o coração na Vida Superior, sequiosos de se reunirem contigo para o reencontro no trabalho do próprio aperfeiçoamento, à procura do amor sem adeus.

Na era do espírito, **Francisco Cândido Xavier, Emmanuel (espírito).**

Lembra-te deles

Lembra-te deles, os chamados mortos que embora invisíveis, não se fizeram ausentes...

Compadece-te daqueles que passaram no mundo sem realizar os sonhos de bondade que lhes vibraram no seio e volve o coração reconhecido para quantos te abençoaram a existência com alguma nota de amor.

Eles avançam para a vanguarda...

Muitas vezes, quando menos felizes, esmolam-te o reconforto de uma oração e, vezes outras, mergulham as dores que os afligem na taça de teu pranto, sequiosos de paz e libertação...

Outros muitos, porém, quais aves triunfantes nas rotas da Eternidade, buscam-te o coração por ninho de afeto que o tempo não destruiu, envolvendo-te o ser no calor de branda carícia para que o desânimo não te entorpeça a faculdade de caminhar...

Lembra-te deles e guarda-lhes a lição.

Ontem, apertavam-te nos braços, partilhando-te a experiência.

Hoje, transferidos de plano, colhem os frutos das espécies que semearam.

Aguça a audição mental e ouvirás o coro de vozes em que se pronunciam. Todos rogam-te esperança e coragem, alargando-te os horizontes. E todos se lembram igualmente de ti, desejando aproveites a riqueza das horas na construção do bem para a doce morada de tua porvindoura alegria, porque, amanhã, estaremos todos novamente reunidos no Lar da União Sublime, sem lágrimas e sem morte.

***Irmãos unidos,* Francisco Cândido Xavier, Scheilla (espírito).**

NINGUÉM MORRE

Não reclames da Terra
Os seres que partiram...
Olha a planta que volta
Na semente a morrer.
Chora, de vez que o pranto
Purifica a visão.

No entanto, continua
Agindo para o bem.
Lágrima sem revolta
É orvalho da esperança.
A morte é a própria vida
Numa nova edição.

Tempo e nós, **Francisco Cândido Xavier, Emmanuel (espírito).**

Tudo passa

Todas as coisas, na Terra, passam...

Os dias de dificuldades, passarão...

Passarão também os dias de amargura e solidão...

As dores e as lágrimas passarão.

As frustrações que nos fazem chorar... um dia passarão.

A saudade do ser querido que está longe, passará.

Dias de tristeza...

Dias de felicidade...

São lições necessárias que, na Terra, passam, deixando no espírito imortal as experiências acumuladas.

Se hoje, para nós, é um desses dias repletos de amargura, paremos um instante.

Elevemos o pensamento ao Alto, e busquemos a voz suave da Mãe amorosa a nos dizer carinhosamente: isso também passará...

E guardemos a certeza, pelas próprias dificuldades já superadas, que não há mal que dure para sempre.

O planeta Terra, semelhante a enorme embarcação, às vezes parece que vai soçobrar diante das turbulências de gigantescas ondas.

Mas isso também passará, porque Jesus está no leme dessa Nau, e segue com o olhar sereno de quem guarda a certeza de que a agitação faz parte do roteiro evolutivo da humanidade, e que um dia também passará...

Ele sabe que a Terra chegará a porto seguro, porque essa é a sua destinação.

Assim, façamos a nossa parte o melhor que pudermos, sem esmorecimento, e confiemos em Deus, aproveitando cada segundo, cada minuto que, por certo... também passarão...

Tudo passa... exceto DEUS!

Deus é o suficiente!

Francisco Cândido Xavier, Emmanuel (espírito).

Eles vivem

Ante os que partiram, precedendo-te na Grande Mudança, não permitas que o desespero te ensombre o coração.

Eles não morreram. Estão vivos.

Compartilham-te as aflições, quando te lastimas sem consolo. Inquietam-se com sua rendição aos desafios da angústia quando te afastas da confiança em Deus.

Eles sabem igualmente quanto dói a separação.

Conhecem o pranto da despedida e te recordam as mãos trementes no adeus, conservando na acústica do espírito as palavras que pronunciaste, quando não mais conseguiram responder as interpelações que articulaste no auge da amargura. Não admitas estejam eles indiferentes ao teu caminho ou à tua dor.

Eles percebem quanto te custa a readaptação ao mundo e à existência terrestre sem eles e quase sempre se transformam em cirineus de ternura incessante, amparando-te o trabalho de renovação ou enxugando-te as lágrimas quando tateais a lousa ou lhes enfeitas a memória perguntando por quê.

Pensa neles com a saudade convertida em oração.

As tuas preces de amor representam acordes de esperança e devotamento, despertando-os para visões mais altas na vida.

Quando puderes, realiza por eles as tarefas em que estimariam prosseguir e tê-los-ás contigo por infatigáveis zeladores de teus dias.

Se muitos deles são teu refúgio e inspiração

nas atividades a que te prendes no mundo, para muitos outros deles és o apoio e o incentivo para a elevação que se lhes faz necessária.

Quando te disponhas a buscar os entes queridos domiciliados no Mais Além, não te detenhas na terra que lhes resguarda as últimas relíquias da experiência no plano material...

Contempla os céus em que mundos inumeráveis nos falam da união sem adeus e ouvirás a voz deles no próprio coração, a dizer-te que não caminharam na direção da noite, mas sim ao encontro de Novo Despertar.

Retornaram contando – Coleção Cartas psicografadas, **Francisco Cândido Xavier, Emmanuel (espírito).**

CONCLUSÃO 24

O SUICÍDIO SURGE quando uma pessoa acredita que não há solução para seus problemas. Esse tipo de pensamento pode vir à mente em momentos de crise. A crise é identificada em meio à desorganização mental, geralmente embasada no estresse e sensação de incapacidade de solucionar os problemas da vida. O suicídio não é uma escolha, ele acontece com espíritos fragilizados quando a dor é superior aos recursos para lidar com ela.

Isso é o que geralmente dizem os profissionais de saúde envolvidos com este tema. Dizem os insensíveis que é uma covardia, outros afirmam que é coragem extremada. Os românticos diziam que era um bom estilo de se evadir do mundo, os religiosos asseguram que é uma fragilidade do senso moral e os loucos nada dizem, pelo menos que tenha nexo.

Em verdade o homem se mata por muitos motivos nem sempre com a intenção de fugir da vida. Aprendemos que existem os suicidas involuntários, os homicidas suicidas que são passionais e que diante da ameaça de perda do ser amado, desesperados matam aquilo que amam irracionalmente e depois se matam. Existem os homens-bomba, os tais que se vestem com explosivos e mandam pelos ares seus irmãos junto com seu corpo. Verifica-se em boa parcela dos suicídios a atuação de obsessores, que induzem ao suicídio e praticamente subjugam suas vítimas ajudando-as na concretização desse método nefasto de falecimento. Existem até mesmo hipnotizadores que dominam a mente de alguém e ordenam a este infeliz que a determinado dia e hora se mate, no que são obedecidos.

O tema é, portanto, muito mais complexo do que imagina a ciência acadêmica com sua fobia às explicações espirituais. O ser humano vive agregado a uma teia de relacionamento afetando e sendo afetado por ela, do que resultam suas decisões e atos. Essa teia perpassa o mundo material e o mundo espiritual, sendo lógico e claro que por ser corpo e espírito o homem seja afetado nessas duas realidades.

O homem não é apenas um amontoado de células. É energia, vibração, sintonia, imortalidade. Aqui há de se aprofundar suas companhias espirituais, fruto de sua maneira de pensar e de agir. Sua fé que deve permanecer sempre calma, paciente, apoiada na inteligência e na compreensão da realidade em que se insere. A fé que se traduz no sentimento inato da sua destinação.

Importa a todos saber que suicídio não resolve nenhum problema, mas ao contrário, cria outros bem maiores e mais pungentes. O foco deve incidir sobre a certeza de que Deus nunca desampara, sempre tem um plano B para mostrar como saída de qualquer aparente situação conflituosa. O relevante mesmo nesse tema são as promessas de Jesus de que nunca nos deixaria órfãos, que aliviaria os aflitos e sobrecarregados, que veio ao mundo para os doentes, que os ferreteados pelo sofrimento, os que choram seriam os bem-aventurados no reino de Deus.

Alie-se a isso uma vida saudável, ao estilo corpo são e mente sã, a busca pela religiosidade, o uso da ética e da moral nos costumes, enfim, ser um homem de bem. Assim procedendo, a vida devolverá tudo que a ela foi doado, pois é da lei que o bem que alguém faça lhe seja devolvido integralmente. E que Deus, o eterno provedor de bênçãos, afaste de nossas vidas qualquer ideia de diminuí-la, maltratá-la, antes, que incentive a defendê-la e valorizá-la por toda a eternidade. Francisco, meu professor desencarnado pediu-me para escrever sobre este tema, mas sempre desconstruindo a ideia. Espero ter conseguido.

Deus nos ampare na defesa e na valorização da vida!

ANEXO: BIOGRAFIA DE GOETHE

25

GOETHE (1749-1832) FOI um escritor alemão, autor de *Fausto*, poema trágico, obra-prima da literatura alemã. Foi filósofo e cientista. Fez parte, junto com Schiller, Wieland e Herder, do "Classicismo de Weimar" (1786-1805), período do apogeu literário na Alemanha.

Goethe nasceu em Frankfurt, Alemanha, em 28 de agosto de 1749. Filho do juiz Johann Gaspar Goethe e de Catharina Elisabeth Goethe, descendente de rica e culta família alemã. Cresceu em meio aos livros da biblioteca de seu pai, que possuía mais de 2.000 volumes. Educados por tutores, recebeu aulas de inglês, francês, italiano, grego e latim. Estudou ciências, religião e música.

Em 1765, inicia o curso de Direito da Universidade de Leipzig. Pouco interessado nas aulas da faculdade e levando uma vida boêmia, em 1768, é acometido de tuberculose e retorna à casa dos pais. Escreve suas primeiras poesias. Sua obra é frequentemente inspirada por fatos de sua vida. Em 1770, vai para Estrasburgo, Alsácis, onde volta ao curso de Direito. Nessa época conhece Herder, filósofo e escritor alemão, que lhe influencia na leitura de Shakespeare, Homero e Ossian. Em 1771, licencia-se em Direito. Nesse ano publica *O cavaleiro da mão de ferro*.

A paixão pela filha de um pastor resulta em uma série de poesias líricas. Em 1772 vai para Wetzlar, no estado de Hessen, trabalhar na corte da justiça imperial. O amor por Charlotte Buff, noiva de um amigo, dá origem a obra pré-romântica *Os sofrimentos do jovem Werther* (1774), que termina com o suicídio do personagem principal. O grande sucesso do livro na Europa o torna conhecido mundialmente.

Ainda em 1774, é nomeado ministro do ducado de Weimar, onde se fixa. Nesse período, escreve *Prometheus, Ganymed, Mahomets Gesang* e *Stella* e dá início a sua obra-prima *Fausto*. Estuda e faz pesquisas na área de ciências naturais. Em 1784, descobre o "intermaxilar", osso do corpo humano desconhecido pelos anatomistas, e elabora teses que antecipam a Teoria Darwinista.

Em 1786, vai a Roma, onde transforma em versos a

tragédia grega *Ifigênia em Táuride* (1787). Em 1806, casa-se com Christiane Valpius. Escreve cenas de *Fausto*, obra do romantismo, que começou em 1774 e só é concluída em 1830. Com *Fausto*, que vende a alma ao diabo em troca de saber e bens, faz uma metáfora da vida humana.

Johann Wolfgang Goethe morreu em Weimar, Alemanha, no dia 22 de março de 1832.

BIBLIOGRAFIA | 26

GIBRAN, Khalil Gibran. *O profeta.* Trad. Mansour Challita. 10ª ed. Rio de Janeiro-RJ, Impressão José Fagundes do Amar e Cia. Ltda., 1980.

MACEDO, Denise Corrêa de. Arnold de Numiers (espírito). *Leila – a filha de Charles. 2ª reimpressão.* Capivari-SP, Editora EME, 2016.

PEREIRA, Yvonne. Bezerra de Menezes (espírito). *Dramas da obsessão.* 3ª ed. Rio de janeiro, FEB, 1976

PEREIRA, Yvonne. Léon Tolstói (espírito). *Ressurreição e vida.* 1ª ed. Brasília-DF, FEB, 1963.

KADEC, Allan. *A Gênese.* Trad. Guillon Ribeiro. 5ª ed. Rio de Janeiro, FEB, 1975.

________. *O Livro dos Espíritos*. Trad. Torrieri Guimarães. 2ª ed. São Paulo-SP, Opus Editora Ltda., 1985.

________. *O Evangelho segundo o Espiritismo*. Trad. Matheus Rodrigues de Camargo. 1ª ed. Capivari-SP, Editora EME, 2000.

________. *O Céu e o Inferno*. trad. Guillon Ribeiro. 19ª ed. Rio de Janeiro-RJ, FEB, 1963.

________. *O Livro dos Médiuns*. Trad. José Herculano Pires. 6ª ed. São Paulo-SP, LAKE, 1978.

________. *O que é o Espiritismo*. 13ª ed. Rio de Janeiro-RJ, FEB, 1963.

________. *Obras Póstumas*. Trad. Salvador Gentile. 1ª ed. Araras-SP, IDE, 1993.

Pinheiro, Luiz Gonzaga. *O perispírito e suas modelações*. 16ª reimp. Capivari-SP, Editora EME, 2015.

Xavier, Francisco Cândido. André Luiz (espírito). *Missionários da Luz*. 19ª ed. Brasília-DF, FEB, 1986.

________. *Nos domínios da mediunidade*. 8ª ed. Rio de Janeiro-RJ, FEB 1976.

________. *Nosso Lar*. 45ª ed. Brasília-DF, FEB, 1996.

________. *Os mensageiros*. 37ª ed. Brasília-DF, FEB, 2001.

Xavier, Francisco Cândido. André Luiz e Emmanuel (espíritos). *Tempo e nós*. 1ª ed. São Paulo-SP, IDEAL, 1993.

Xavier, Francisco Cândido. Emmanuel (espírito). *A caminho da Luz*. 37ª ed. Brasília-DF, FEB, 2010.

________. *Amigo*. 1ª ed. São Paulo-SP, CEU, 1979.

________. *Dissertações mediúnicas*. 9ª ed. Rio de Janeiro, FEB, 1981.

________. *O consolador*. 1ª ed. Rio de Janeiro-RJ, FEB, 1940.

________. *Paulo e Estêvão*. 4ª ed. especial. Brasília-DF, FEB, 2010.

XAVIER, Francisco Cândido. Espíritos diversos. *Caravana de amor*. 1ª ed. Araras-SP, IDE, 1984.

________. *Ideias e ilustrações*. 7ª ed. Brasília-DF, FEB, 2012.

________. *Irmãos Unidos*. 1ª ed. São Bernardo do Campo-SP, GEEM, 1988.

________. *Na era do espírito*. 1ª ed. São Bernardo do Campo-SP, GEEM, 1973.

________. *Retornaram contando – Coleção Cartas psicografadas*. 11ª ed. Araras-SP, IDE, 2011.

XAVIER, Francisco Cândido. Hilário Silva (espírito). *Contos desta e de outra vida*. 1 ª ed. Rio de Janeiro-RJ, FEB, 1964.

XAVIER, Francisco Cândido. Irmão X (espírito). *Cartas e crônicas*. 1ª ed. Rio de Janeiro-RJ, FEB, 1966.

VOCÊ PRECISA CONHECER

Desistir da vida não é solução

Isabel Scoqui

Autoajuda • 14x21 cm • 136pp.

Isabel Scoqui recolheu dos livros de André Luiz os relatos que apresentam toda a dor causada pelo suicídio, nas suas mais diversas modalidades, e o longo trajeto que cada suicida deve percorrer para recuperar a oportunidade desprezada. E reforça que não estamos abandonados por Deus em situação alguma.

Perda de pessoas amadas

Armando Falconi Filho

Autoajuda• 16x22,5 cm • 160pp.

Falconi nos ensina, neste livro, como devemos orar por nossos entes queridos, transmitindo a eles o nosso carinho e também a nossa saudade, porém uma saudade que reconforta e que confia que um dia poderemos nos reencontrar.

Na maior das perdas – a divina consolação

Regis de Morais

Autoajuda • 14x21 cm • 168pp.

Muitas são as dores pelas quais o ser humano pode passar. No entanto, nenhuma pode superar a dor da perda de um filho ou uma filha, sobretudo se na infância ou em plena juventude. De tal modo atordoante é essa dor, que os pais e outros familiares, às vezes, se perdem nos labirintos da revolta, impedindo-se de desfrutar do socorro que sempre vem do Alto: a divina consolação.

VOCÊ PRECISA CONHECER

O amor pelos animais

Ricardo Orestes Forni
Estudo • 14x21 cm • 176pp.

Aborda o intrigante assunto da alma dos animais, com esclarecimentos valiosos sobre diversos temas relacionados, mostrando a grandeza da criação divina, onde tudo tem o objetivo de evoluir. Apresenta ainda exemplos tirados do relacionamento de pessoas como Chico Xavier e Cairbar Schutel com os animais.

Leila: a filha de Charles

Denise Corrêa de Macedo / Arnold de Numiers (espírito)
Romance mediúnico • 16x22,5 cm • 272pp.

A história de Leila, arrebatadora e emocionante, revela todo o drama vivenciado por aqueles que se entregam ao suicídio, seja de forma consciente ou inconsciente, fugindo da vida e das responsabilidades assumidas, julgando assim se livrar de suas dores e sofrimentos.

A trama do romance reúne os espíritos comprometidos entre si em nova oportunidade e nos sensibiliza quando constatamos o imenso auxílio recebido do Alto por meio dos espíritos benfeitores que não se cansam de apoiar, confortar e orientar aqueles que atravessam dificuldades e provações.

A difícil arte de perdoar

Elaine Aldrovandi
Autoajuda • 14x21 cm • 192pp.

Vamos aprender as "diferentes linguagens do perdão", e as "técnicas que nos auxiliam a perdoar os que nos ofenderam, libertando-nos das algemas da mágoa e do ressentimento". Além disso, Elaine Aldrovandi aborda a necessidade do perdão a si mesmo e ainda introduz a "oração do perdão".

VOCÊ PRECISA CONHECER

Peça e receba – o Universo conspira a seu favor
José Lázaro Boberg
Autoajuda • 16x22,5 cm • 248 pp.

José Lázaro Boberg reflete sobre a força do pensamento, com base nos estudos desenvolvidos pelos físicos quânticos, que trouxeram um volume extraordinário de ensinamentos a respeito da capacidade que cada ser tem de construir sua própria vida, amparando-se nas Leis do Universo.

Getúlio Vargas em dois mundos
Wanda A. Canutti / Eça de Queirós (espírito)
Romance mediúnico • 16x22,5 • 344pp.

Getúlio Vargas realmente suicidou-se? Como foi sua recepção no mundo espiritual? Qual o conteúdo da nova carta à nação, escrita após sua desencarnação? Saiba as respostas para estas e outras perguntas, agora em uma nova edição, com nova capa, novo formato e novo projeto gráfico.

A vingança do judeu
Vera Kryzhanovskaia / J. W. Rochester (espírito)
Romance mediúnico • 16x22,5 • 424 pp.

O clássico romance de Rochester agora pela EME, com nova tradução, retrata em cativante história de amor e ódio, os terríveis fatos causados pelos preconceitos de raça, classe social e fortuna e mostra ao leitor a influência benéfica exercida pelo espiritismo sobre a sociedade.

Não encontrando os livros da EME na livraria de sua preferência, solicite o endereço de nosso distribuidor mais próximo de você através de
Fones: (19) 3491-7000 / 3491-5449
(claro) 99317-2800 (vivo) 99983-2575
E-mail: vendas@editoraeme.com.br – Site: www.editoraeme.com.br